KB162950

필경사

일러두기

- 이 책은 소설 「상록수」의 많은 부분을 인용하고 있다. 여러 출판사 판본 중 문학과지성사 한국문학전집의 『상록수』(2005)를 따랐다.
- 단행본은 『 』, 소설·시·산문은 「 」, 신문·잡지·학술지는《 》, 영화·그림은〈 〉로, 기사·논문 등은 " "로 표기했다.
- 심훈이 살았던 당대 잡지와 신문 자료에서 가져온 인용문은 가급적 원문 그대로 살렸다.

필경사

'건축가 심훈'의 꿈을 담은 집

임창복 지음

筆耕舍

효형출판

이 글은 일제강점기의 독립운동가이자 시인 심훈이 지은 '필경사筆耕舍'라는 초가집에 관한 책이다. 좀 더 구체적으로 이야기하면, 필경사라는 초가집을 건축적으로 분석하고 해독하는 글이다.

내가 필경사를 처음 알게 된 것은 약 5년 전인 2017년 가을이다. 초등학교 동문들과 '심훈기념관'을 방문했다. 서울 남부터미널에서 모여 버스를 타고 당진 시외버스터미널까지 가는 데는 그리 오랜 시간이 걸리지 않았다. 터미널에서 택시로 갈아타고 우리 일행은 머지않은 부곡리에 위치한 심훈기념관에 도착했다.

새로 지은 건물이라 그런지 깨끗하고 잘 정리되어 있다는 첫인상을 받았다. 지하 전시관에 마련된 심훈의 일대기와 관련 자료를 보고, '항일 문학의 발자취'를 느끼며 우리는 지상으로 올라갔다. 자연스럽게 마당 한쪽에 위치한 초가집이 눈에 들어왔다. 이때 이 초가집이 필경사라는 것을 처음 알게 되었다. 심훈기념관을 방문했다가 '초가집'을 보게 된 것이다.

안내되어 있듯이 필경사는 심훈이 지었고, 이곳에서 그 유명한 소설 「상록수」를 집필했다. 건축가로서 관심이 갈 수밖에 없었다. 그러나 집에 관한 그 이상의 안내나 자료는 어디에도 없었다. 관심을 갖고 집을 한 바퀴 둘러보았다. 어딘가 '단순함'이 느껴졌다. 우리 일행은 그곳에서 만난 심훈의 장조카 심재영의 장남, 심천보 선생과 한진포구로 가서 시간을 보내고 서울로 올라왔다. 처음 필경사를 방문했던 늦가을 하루의 당진 나들이였다.

그날은 내부를 보지 못했다. 필경사는 과연 어떤 집일까? 그 내부가 궁금해졌다. 그러나 이에 관한 자료는 거의 없었다. 인터넷에 검색해 보아도 나오는 것은 필경사가 '심훈 문학의 산실'이라는 단순한 자료뿐이었다.

궁금하긴 했지만 이에 대한 해답을 얻지 못한 채 일상에 쫓겨 시간을 보내며 다시 몇 년이 흘렀다. 그러다 2021년 4월 초, 심천보 선생의 주선으로 필경사 해설사의 도움을 받으며 내부를 둘러볼 기회가 생겼다.

처음 둘러본 필경사 내부는 아주 뜻밖이었다. 일제강점기에 지어진 주택 중 이렇게 단순하면서도 기능적인 평면을 본 적이 없었기 때문이다. 몇 년 전 외부를 보았을 때처럼, 내부에서도 강렬한 인상을 받았다. 돌아오며 다짐했다. 필경사에 대해 좀 더 연구해 보자고.

필경사를 더 자세히 알아보고자 했으나 어디서 자료를 수집하고 누구를 만나 정보를 얻을 수 있을지 알 수 없었다. 아무래도 이럴 때는 심훈에 대해 조사하고 그의 작품을 읽는 게 도움이 될 듯하여 우선 도서관을 찾았다. 그의 작품들을 탐독하기 시작했다. 처음으로 시집 『그날이 오면』, 소설 「영원의 미소」 「직녀성」 등을 읽었다. 그의 활동 시기인 1920-1930년대 사회를 이해하는 데 큰 도움이 되었다. 소설 「상록수」에도 다시 도전해 보았다. 오래전, 학창 시절에 들었던 '농촌 계몽 운동'과 주인공 박동혁·채영신의 이야기 등 줄거리가 어렴풋이 생각나긴 했다. 처음에는 읽으면서 주인공의 서사에만 관심이 쏠렸다. 그러나 주요 부분을 몇 번인가 자세히 읽으면서 그 내용이 '집'을 지으며 전개되는 농촌 계몽 운동 이야기라는 것을 점차 눈치챌 수 있었다. 주인공들이 '한곡리 회관'과 '청석골 학원'이라는 건물을 짓는 과정에서 전개되는 이야기인 것이다.

필경사를 염두에 두고 관련 소설을 읽으며 이 내용이 「상록수」의 줄거리인지, 필경사를 지은 이야기인지 혼돈하기도 했다. 다시 확인해 봤고, 작가가 먼저 필경사를 지은 후 그곳에서 「상록수」를 집필했다는 것도 확실히 알게 되었다. 필경사를 착공한 시점은 1934년 여름이고, 같은 해 한가위 무렵 완공을 보았다. 《동아일보》에 「상록수」를 연재하기 시작한 것은 1935년 9월부터였다. 필경사를 지은 지 불과 1년 후, 그 기억이 아주 생생하게 남아 있었으리라. 그런데 소설 「상록수」의 내용이 집 짓는 이야기라니. 둘 사이에 불가분의 관계가 있음을 직감했다.

나는 몇 해 전 청평에 '수헌정樹軒亭'이라는 집을 지으며 설계의 필요성과 시공 단계에서 인력·자재 관리의 어려움을 경험한 바 있다. 점차 필경사를 이해하기 위해서는 역으로 「상록수」를 읽고 어느 정도 유추 해석할 수 있으리라는 생각이 들었다. 그의 작품 속 이야기가 현실에 근거를 두고 전개되고 있음을 확인하며 「상록수」를 필경사와의 관계 속에서 다시 꼼꼼히 읽었다.

필경사를 지은 목수 이야기, 설계도에 근거해 집 지은 이야기, 필경사 짓는 데 참여한 심재영 이야기, 한옥 문화주택 이야기 등은 모두 「상록수」를 다시 읽으며 확신이 들어 정리한 내용이다.

이런 작업이 끝날 즈음, 내부 공간을 답사하고자 필경사를 다시 찾았다. 사진을 찍기 위해서였지만, 어딘가에 작가 심훈이 남겨 놓은 고민의 흔적이 있으리란 생각도 있었다. 그렇게 찾은 필경사에서 이번에는 전과 다른 면이 보였다.

전에는 담과 대문이 없는 모습에 누군가 허물고 현재의 기념관을 만들었으리라 생각했고, 현관이 마련된 것도 그리 특별하게 여기지 않았다. 필경사 현관에서 서재와 생활실로 들어가는 문은 각각 다른데 '뭔가 사정이 있었겠지' 하며 대수롭지 않게 넘겼다. 그러나 내부에서 여러 공간의 치수를 재며, 이 주택이 오랜 고민 끝에 지어진 집이라는 것을 점차 깨닫게 되었다.

나는 십수 년 전에 개화기부터 최근까지 우리 주거의 변천사를 다룬 『한국의 주택, 그 유형과 변천사』라는 책을 펴낸 바 있다.

이 책을 쓰며 통시적으로 고찰했던 우리의 주거 유형과 비교해 보아도 필경사는 아주 의미 있고 독특한 주택이라는 확신이 들었다.

그 순간, 오랜 시간 고민했던 필경사 연구 방향을 결정하게 되었다. 이 집은 우리 주거 문화가 '가족 중심'의 생활을 담기 위해 소위 '방갈로 스타일'로 겹집화되는 과정에서 시도된 새로운 주택 아닐까?

이런 생각이 들 때쯤 몇몇 중요한 수필과 연구 자료를 접할 수 있었다. 그중 하나가 심훈이 필경사를 짓고 나서 《개벽》에 기고한 「필경사 잡기」였고, 다른 글들은 국문학자 한기형의 "서사의 로칼리티, 소실된 동아시아"와 권철호의 "심훈의 장편소설에 나타나는 '사랑의 공동체'" 그리고 미술 비평 연구자 강정화의 "심훈의 미술비평문 연구" 같은 깊이 있는 글들이었다.

위 글에서 한기형은 심훈 소설의 주인공이 일본에서 정리된 이론과 사회주의에 경도된 인텔리 지식인과는 무관하고, '건강한 행동주의'를 지향하고 있다는 점을 강조했다. 심훈에 대해 꾸준히 연구해 온 권철호는 충남 당진으로 내려가 농촌공동체를 구현하고자 했던 그의 행적에 친조파親朝派 일본 지식인 무로후세 코신室伏高信의 철학과 유사한 점이 있다고 주장했다.

필경사와 관련지어 보면, 앞의 글을 통해 심훈 자신이 '행동주의'를 실천하려고 지은 집임을 추측할 수 있다. 나중 글을 통해서는 단순히 거주 공간을 만드는 데 머문 행위가 아니고 더 원대한 포부가 있었음을 알 수 있다.

한편, 강정화의 글을 읽고서는 필경사의 미적 가치를 다시 생각하게 되었다. 심훈은 1929년 잡지《신민》에 「총독부 제9회 미전 화랑에서」라는 비평문을 게재했다. 이 비평문은 그가 당진으로 귀향하기 전에 조선미술전람회에 다녀와 쓴 글이다. 화랑에서 서양화와 동양화 등 작품들을 보고 난 후 밝힌 작가의 미의식이 담겨 있다. 심훈의 비평문을 두고 '원시'와 '무의식' 그리고 '자연과의 조화'를 강조하는 강정화의 글에서 그의 미적 철학이 초가집 필경사와 맞닿아 있음을 느꼈다.

이 책에서 가장 중요한 부분은 필경사의 건축적 의미다. 이를 폭넓게 이해하기 위해 일제강점기 지식인들이 주장했던 생활개선 운동과 주택개량 운동, 문화주택에 대한 논쟁 등을 소개하고 필경사가 태동하게 된 배경을 두루 살펴보려 한다.

필경사는 남성 중심의 좌식 생활을 하던 재래주택에서 가족 중심의 입식 생활을 염두에 둔 문화주택으로 변화를 시도한 집이다. 작가가 필경사를 당대 농민의 생활 환경을 개선하고 문화생활을 할 수 있도록 경제적인 주택으로 고민하여 지었다는 점을 높이 평가하고 싶다.

심훈은 당대 유명 문인이자 언론인이고 영화인이었다. 그러나 이 책에서는 그가 여기에 그치지 않고, 농민을 위해 의미 있는 '농촌형 문화주택'을 몸소 지은 '건축가'라는 점을 밝히고자 한다.

필경사는 당대 유명 건축가들도 이루지 못했던, 높은 수준의 건축적 가치가 있는 집이다.

책이 나오기까지 많은 분의 도움이 있었다.

우선 심천보 선생께 깊은 감사를 드린다. 그의 헌신적인 안내가 없었다면 이 책은 빛을 보지 못했을 것이다. 당진시의 사진 자료 제공과 학예사 및 해설사 그리고 필경사 관계자분들의 협조도 큰 힘이 되었다. 자료 찾는 수고도 마다 않고 도와준 성균관대학교 중앙도서관 사서분들에게도 큰 감사의 인사를 전한다.

부족한 원고지만 흔쾌히 출판해 주신 효형출판 편집진 여러분께도 깊이 감사드린다.

2023년 3월
임창복

차례

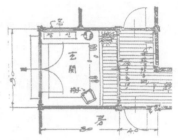

제3장 어떤 집에서 살 것인가

제4장 건축가의 눈으로 필경사를 다시 해석하다

正 面

당당한 초가집, 필경사

'필경사筆耕舍'는 충청남도 당진시 송악읍 상록수길 97에 위치한 20평 정도 되는 초가집으로, 1997년 12월 23일 충청남도 기념물 107호로 지정되었다.

내가 이 필경사의 존재를 알게 된 건 2017년이다. 우연히 친구들과 심훈기념관을 방문하고 그 옆의 초가집을 마주하게 되었다. 당시에는 집이 잠겨 있어 측면 유리창으로 겨우 내부를 살짝 들여다봤는데, 여느 초가집과는 크게 다른 인상을 받았다. 돌아 나오며 정면을 다시 보니 이 초가집은 어딘가 당당하다는 느낌을 주었다. 시골에서 종종 보던 왜소한 초가집이 아니라 '당당한 초가집'이라는 인상을 갖고 귀가한 기억이 있다.

언젠가 이 초가집 내부를 한번 제대로 보고 싶다는 희망을 품고 몇 년을 보낸 후, 2년 전에야 그 내부를 볼 수 있었다. 다시 보니 상상 이상으로 아주 흥미로운 주택이었다. 1934년에 지어져 제법 오래된 집이기에 곳곳에서 근대적 생활 양식을 담고자 고민한 흔적을 찾을 수 있었다. 더욱이 이 작은 초가집은 특이하게도 집을 설계해 지은 작가가 누구인지 밝혀져 있었다.

초가집인데 작가가 있다고 하면 사람들이 좀 의아하게 생각할 수도 있겠다. 유명 인물이 지은 초가집을 한번 머릿속에 떠올려 보라. 대체로 선뜻 떠오르지는 않을 것이다. 그만큼 초가집은 오랜 역사 속에서 이름 없는 민초들에 의해 지어져 우리의 낙후된 농촌 주거 문화를 보여 주는 공간이었다. 그러다 보니 어쩔 수 없이 뭔가 뒤떨어진 이미지, 누추한 환경의 대명사가 되기도 했다.

1970년대 초까지 우리 농촌의 가옥은 대부분 초가집이었다. 새마을운동이 한창일 때 자주 들려오던 노래 가사 "초가집도 없애고 마을 길도 넓히고 푸른 동산 만들어 알뜰살뜰 다듬세"에서 보듯이 초가집은 가난하고 낙후된 농촌의 상징이었다. 누군가 초가집을 완성하고 자신이 지었다고 밝히는 경우는 더욱이 없었다. 어쩌면 초가집은 오랫동안 우리 곁을 지켰지만, 자랑거리가 되진 못하는 집이 아니었을까.

그런데 이 초가집을 지은 작가가 '이 집은 내가 지은 초가집이오.' 하고 잡지에 기고*까지 했다니 뜻밖이다. 더욱이 그 작가가 당대 소설가이자 시인인 심훈沈熏이라니, 놀랍고 관심이 갈 수밖에 없었다.

• 심훈, 「필경사 잡기」, 《개벽》, 1935.

나는 이 당당한 초가집에 점점 더 관심이 생겼고, 지난 5년간 필경사는 계속해서 나의 뇌리에 맴돌았다. 그 당당함은 과연 어디에서 오는 것이고, 과연 심훈은 어떤 의도로 이 집을 지었는지, 곱씹을수록 궁금해졌다. 집과 작가에 대해 더 자세히 알아보고 싶어졌다.

　　심훈은 일제강점기의 대표적인 문인 중 한 사람이다. 그의 장편소설 「상록수」는 일제의 탄압으로 좌절에 빠진 조선 사람들에게 농촌 계몽의 필요성을 역설해 희망을 준 소설이다. 계몽 활동으로 얽힌 젊은이들의 순수한 이야기는 오늘날까지도 많은 이에게 큰 감동을 준다.

　　심훈은 소설 외에도 많은 시를 남겼다. 그중 '피를 찍어 써 내려갔다'는 시 「그날이 오면」은 읽는 이의 가슴을 뛰게 할 만큼 강렬한 인상을 주는 저항시다. 항일정신을 일깨워 준다는 공감대가 있어선지 광복절만 되면 기념식에서 낭독되는 단골 손님이기도 하다. 그러고 보면 그는 늘 우리 곁에서 함께하는 청년 문학인이라는 생각이 든다.

　　심훈은 이렇듯 소설가이자 시인이었고, 신문사와 방송국에서 활약한 언론인이었으며, 영화소설 「탈춤」을 집필하고 영화 〈먼동이 틀 때〉를 감독하는 등 영화 분야에서도 선각자적인 활동을 한 영화인이었다. 그 외에 미술 비평을 남기기도 했기에 혹자는 그를 가리켜 우리 사회가 근대에서 현대로 가는 길목에 문학과 예술의 다양한 방면에서 '종합예술인의 면모를 지닌 모더니스트였다'고 평가하기도 한다.

그런데 심훈이 문학과 영화를 비롯한 다양한 예술 분야의 활동 외에도 당진에 필경사라는 주택을 직접 설계하고 지었다는 사실은 그리 널리 알려져 있지 않다. 심지어 '필경사'라는 명칭만 듣고 절로 착각하는 사람들도 있다. 필경사는 사찰이 아니고, 심훈이 설계하고 지은 초가집의 택호宅號다.

1932년, 심훈은 경성에서의 삶을 접고 당진으로 내려간다. 그가 이런 결정을 한 데에는 나름의 여러 이유가 있었을 것이다. 먼저 1920년대 말부터 1930년대 초까지 그의 활동 여건을 생각해 보면 경제적인 어려움이 있었을 것이다. 또한, 그가 식민지 자본주의의 폐해를 극복하기 위해 오랫동안 작품 속에서 추구해 왔던 농촌으로의 귀향을 결행한 것으로 볼 수 있다.

그는 당진에 내려온 후 조카 심재영의 부곡리 집 사랑채에 머물며 1933년 5월에 「영원의 미소」를 탈고한다. 이 소설은 제대로 된 일거리를 찾지 못하던 도시의 인텔리가 허황된 도회지 생활에서 벗어나 새로운 삶을 개척하고자 낙향한다는 내용이다. 다분히 자신의 이야기에 빗대어 엮어 낸 작품이라고 볼 수 있다. 연이어 1934년에는 「직녀성」을 발표한다. 이 작품은 이혼한 여성을 주인

• 엄상희, "심훈의 서사텍스트와 남성 영웅의 형상", 《한국어문교육》 22권, 2017, p.161.

공으로 내세워, 농경사회에서 근대사회로 변화하는 과정에 겪는 양반 자제들의 몰락과 여성의 새로운 역할을 강조하는 소설이다. 주인공이 귀향하여 주변 인물들과 함께 새로운 이상촌理想村을 만드는 모습을 그리고 있다. 두 소설 모두 주인공들이 귀향해 농촌을 새롭게 일구어 간다는 내용이다.

필경사는 바로 이러한 농촌 귀향 소설을 집필한 후인 1934년, 「직녀성」을 기고하고 받은 원고료 500원을 모두 털어 넣어 지은 집이다. 이 집이 평범한 집이 아닐 것으로 보는 까닭은 그가 경성에서 셋방을 전전하며 극심한 경제적 어려움을 겪다가 처음으로 받은 목돈을 모두 투입하여 지었기 때문이다.

심훈은 필경사를 완공한 후, 이듬해 정월《개벽》에 「필경사 잡기」라는 글을 기고했다. 여기에는 당시 그의 심경이 잘 나타나 있다.

참새도 깃들일 추녀 끝이 있는데 가의무일지可依無一枝의 생활에도 이제는 그만 넌덜머리가 났다. 그래서 일생일대의 결심을 하고 「직녀성」의 원고료로(빚도 많이 졌지만) 엉터리를 잡아 가지고 풍우를 피할 보금자리를 얽어놓은 것이 자칭 '필경사'다.

작가는 필경사라는 택호를 그의 시 「필경筆耕」에서 따와 정했다고 밝힌다. 그러니까 이 택호에는 '농부가 밭을 가는 마음으로 글을 쓰는 사람의 집'이라는 뜻이 있다. 필경사를 지은 후 그 공간에서 소설 「상록수」가 처음으로 세상에 나왔다. 이곳에서 펴낸 첫 작품이 집의 택호와도 걸맞아 더욱 의미가 있다.

잘 알려져 있듯이 「상록수」는 젊은 남녀 박동혁과 채영신이 함께한 농촌 계몽 활동을 그려 낸 장편소설이다. 그런데 이 소설에는 동시대 다른 농촌소설과는 크게 다른 부분이 있다. 이광수의 「흙」이나 이석훈의 「황혼의 노래」 역시 농촌 생활을 그린다. 도시에서의 지위나 명예, 재산을 버리고 농사 짓는 시골로 가서 사람들을 교화한다는 내용이다. 전반적인 내용은 비슷하다. 그러나 특이하게도 「상록수」는 주인공들이 구체적으로 '집 짓는 이야기'를 다루고 있다. 소설에는 동혁이 한곡리 회관을, 영신이 청석골 학원을 짓는 과정이 자세히 묘사된다. 그 준비 과정이나 공사 과정에서 겪는 어려움 등을 풀어내, 실제로 경험이 없는 사람은 묘파하기 어려운 부분까지 아주 세밀하게 다룬다. 저자가 소설을 쓰기 전 필경사라는 주택을 직접 지어 보았기에 가능한 일이었다. 「상록수」는 집 짓는 내용과 과정은 물론, 단계별 작업의 상세한 부분까지 구체적으로 다루어 한 편의 집 짓는 영화를 감상하는 느낌을 줄 정도로 현장감 넘치는 작품이다.

심훈이 어떤 의지로 필경사에 착수했고 또 어떻게 지었는지 말해 주는 '필경사 건축 보고서'가 바로 「상록수」라고 할 만큼, 둘 사이에는 밀접한 관계가 있어 보인다. 따라서 필경사가 어떻게 지어졌는지 유추하려면 소설에 담긴 내용에서 그 숨은 의미를 찾아낼 수 있을 것이다.

예나 지금이나 집 짓기는 쉬운 일이 아니다. 그 규모와 관계 없이 경제적 문제 외에도 많은 제약이 따르기 때문이다. 그러한 여건에서 집주인은 나름대로 일생을 고민해 온 꿈을 담고 싶어 하기에 결코 녹록지 않은 작업이다.

1930년대에는 주로 주인이 대지의 크기와 주택의 칸수를 정해 주면 목수가 자재를 구입한 후 익숙한 방식convention으로 집을 지었다. 주인의 요구 조건에 맞춰 목수가 주도해 짓는 것이 일반적이었다. 주인은 목수에 비해 집 짓는 일에 대한 견식이 부족해 아무래도 참여의 범위가 제한적이었다. 그래서인지 우리나라에는 집주인의 의지와 역할 이야기가 전해 내려오는 경우가 많지 않다.

그렇기에 필경사처럼 주인이 스스로 집을 설계하여 짓고 그 사실을 밝혀 두는 경우는 매우 드물었다. 더욱이 초가집을 두고 직접 설계해 지은 집이라고 소개하는 경우는 거의 없었을 것이다. 당대 해외 문물을 많이 경험했고, 영화감독이자 배우로 활약했으며, 유명 시인이자 일간지에 소설을 연재하는 현역 소설가였던 경성의 인텔리가 스스로 초가집의 작가라고 밝히고 있다는 점은 역으로 이 집을 짓는 일이 예사롭지 않은 시도였음을 반증한다.

심훈은 건축 전문 교육을 받지 않아서인지 필경사와 관련된 건축적 식견을 피력하지는 않았다. 필경사는 그가 시골에 내려와 피폐한 농촌 생활을 경험하며 경성에 살던 인텔리도 거주할 만한 주택으로 지은 결과물이었을 것이다. 따라서 이 주택은 설계와 건축 과정에서 당대 우리 사회에서 한창 진행되던 생활개선 운동이

나 주택개량 운동, 나아가 문화주택의 논쟁 속에서 주장되던 내용들이 자연스럽게 고민되고 또 현장의 실정에 맞도록 적용되어 지어졌으리라고 추측해 보았다. 이 시기 우리 주택의 문제점과 개선 방안에 관한 논의는 주로 《동아일보》와 《조선일보》 그리고 《개벽》 같은 신문과 잡지에 수시로 실렸기에, 위의 두 신문사에 근무했던 심훈은 논의 내용을 어느 정도 인지하고 있지 않았을까 싶다.

그는 농촌으로 귀향을 결심하며 언젠가 때가 오면 집을 지어 보자는 다짐도 했으리라. 일반적으로 집을 지으려는 사람은 자신이 좋아하고 갖고 싶은 공간을 누구에게도 드러내지 않은 채 마음속에 담아 둔다. 심훈이 원했던 집이 기록으로 남아 있지는 않지만 필경사 공간과 형태 그 자체로 남아 있기에 이를 바탕으로 그가 품었을지도 모를 꿈을 얼마든지 유추해 볼 수 있다.

그럼에도 필경사의 건축적 의미에 대해서는 아직 다루어진 게 거의 없다. 심훈에 대한 관심이 문학 작품을 넘어 영화 평론과 미술 비평까지 이르렀지만, 그동안 이 주택은 그리 큰 관심을 받지 못했다. 물론 이 집에 대한 체계화된 자료가 부족하고 미흡해 그 평가가 미진했던 점도 있다. 다음은 필경사에 관한 몇 가지 평이다.

국민일보 모 기자가 쓴 《더미션》의 "소설가 심훈, 충남 당진 필경사 · 기념관"에는 필경사가 "벽체는 황토를 짓이겨 바른 전형적인 농촌의 초가"라고 평가되어 있다. 그리고 모 교수는 『한국 문학, 그 현장을 찾아서』라는 책의 「상록수의 산실, 필경사」에서 필경사를 "산사에 은둔한 기와집"으로 묘사한다.(이 책이 쓰인 1997년 4월 당시 필경사는 기와집 형태였다.) 소논문 "한국 문학의 이해—심훈 기념관 필경사 답사보고서"에는 필경사가 "평면은 정면 5칸, 측면 2칸의 초가집이어서 외관으로 보면 전통적인 초가집 모양을 하고 있으나 내부 평면은 1930년대 도시주택의 기능에 맞도록 설계되었다"고 쓰여 있다.

심천보 선생에 따르면, 필경사 방문객 중 일본식 주택의 영향이 있지 않냐고 묻는 이들도 있었다고 한다. 이렇게 필경사의 존재에 대해 잘 모르거나, 알더라도 그 작품적 가치를 이해하지 못하고 단순한 인상기에 머무는 것은 안타까운 일이다. 「상록수」를 집필했던 장소로서의 의미는 알려져 있지만 집 자체의 건축적 의미에 대해서는 아직 거의 주목받지 못했다.

그러나 나는 심훈이 당진에 귀향하여 필경사를 지은 배경은 「상록수」에 나와 있듯이 그리 간단하지 않다고 본다. 여러 측면에서 다루고 평가해야 할 부분이 있고, 그 안에 담긴 건축적 의의도 아주 크다. 필경사를 염두에 두고 「상록수」를 다시 읽어 보니 심훈은 소설 속에 자신이 필경사를 지으며 남기고 싶었던 '꿈'을 숨겨 놓은 듯하다. 이제부터 심훈의 시와 소설 그리고 각종 평론 자료를 바탕으로 그가 남겨둔 꿈을 해독decoding하며 필경사를 건축적으로 풀어 보려 한다.

제1장

모더니스트 예술가, 심훈

심훈의 성품은 다음과 같이 묘사된다.

'호탕하고 쾌활한 낙관주의자
감성적이며 즉흥적·직선적 재주꾼
로맨티스트이자 자유주의자, 이상주의자'

'몸은 크면서도 지극히 세심하고
목소리도 큰 편이나 상대방에게 호감을 주는 사람'

심훈의 삶을 찾아서

건축 작품을 제대로 이해하려면 작품을 둘러싼 여러 요인을 조명해 보는 과정이 필요하다. 필경사도 마찬가지다. 깊이 있는 해석을 위해 남겨진 건축물 외에도 심훈의 삶과 문학 작품 등 각종 자료를 고찰하고 시대 상황을 살펴봐야 한다.

그는 36년의 짧은 삶을 살고 갔다. 그 생애를 몇 단계로 구분해 보면 그의 활동과 정신을 잘 이해할 수 있다. 먼저, 3·1운동에 참여해 감옥 생활을 하고 중국에 가서 학문을 접했던 배움의 시기가 있다. 다음으로 1923년 귀국하여 여러 분야에서 활동을 시작한 활동 모색기, 그리고 1932년 당진으로 내려가 작품에 몰두했던 작가로서의 시기로 구분해 살펴보려고 한다.*

---

* 이 시기 구분은 류병석의 "심훈의 생애 연구"를 참고했다.

꿈 많던 조선 소년

심훈은 1901년 9월 12일 경기도 시흥군 신북면 흑석리(현 서울시 동작구 흑석동)에서 부친 심상정과 모친 해평 윤씨 사이에 3남 1녀 중 막내로 태어났다. 본관은 청송 심씨로 상당히 재력 있는 집안이었고, 부친은 동네 면장을 지냈다. 큰형 심우섭은 《매일신보》 기자를 역임했고, 누님은 심원섭 그리고 작은형 심명섭은 기독교 목사였다.

심훈의 본명은 '심대섭沈大燮'이고, '심훈'이라는 이름을 사용한 것은 1925년 《동아일보》에 「탈춤」을 기고하면서부터다. 그는 항저우 유학 당시 노교수가 지어주었다는 '백랑白浪'을 아호로 썼고, 소년 시절에는 '금강생'이라는 필명을 사용한 흔적도 있다.

그는 1915년 교동보통학교를 졸업하고 경성제일고등보통학교(현 경기고등학교)에 입학한다. 보통학교는 소격동 고모 댁에서 다녔고 일주일에 한 번 정도 노량진의 집에 갔다고 한다. 고등보통

학교에 입학하고부터 노량진역에서 기차로 통학했고, 1917년 한
강 인도교가 완공되자 자동차로 통학했다.[•]

1917년 3월, 고보 3학년 재학 중에 심훈은 왕족인 이해승 후
작의 누이인 전주 이씨와 결혼했다. 두 살 연상인 이씨는 진명학
교에 입학하기 전에 심훈의 노력으로 '해영'이란 이름을 얻었다.
1919년 고보 4학년 때는 3·1 운동에 가담했다가 헌병대에 잡혀가
투옥되었다. 학교에서 퇴학당하고 법원에서 6개월 형을 받았지만
복역한 지 8개월 뒤에야 형 집행이 유예되어 출소한다. 10대 후반
고등학생의 집회 가담을 고려했을 때 일제의 처벌은 가혹한 것이
었다. 이때 감옥에서 몰래 써서 내보낸 「감옥에서 어머니께 올린
글월」이 심훈의 첫 작품이다.[‡]

어머님!
날이 몹시도 더워서 풀 한 포기 없는 감옥 마당에 뙤약볕이 내려
쪼이고 주황빛의 벽돌 담은 화로 속처럼 달고 방 속에는 똥통이
끓습니다. 밤이면 가뜩이나 다리도 뻗어 보지 못하는데 빈대, 벼
룩이 다투어가며 짓무른 살을 뜯습니다. 그래서 한 달 동안이나
쪼그리고 앉은 채 날밤을 새웠습니다. 그렇건만 대단히 이상한
일이 있지 않습니까?
생지옥 속에 있으면서 하나도 괴로워하는 사람이 없습니다. 누

• 류병석, "심훈의 생애 연구", 《국어교육》 14권, 1968, p.10-11.
‡ 심훈, 『그날이 오면』, (사)심훈상록문화제집행위원회, 2016, p.26-27.

구의 눈초리에 뉘우침과 슬픈 빛이 보이지 않고 도리어 그 눈들은 샛별과 같이 빛나고 있습니다그려!

…

그리고 어머님께서도 이 땅에 이슬을 받고 자라나신 공로 많고 소중한 따님의 한 분이시고 저는 어머님보다도 더 크신 어머님을 위하여 한 몸을 바치려는 영광스러운 이 땅의 사나이외다.

(1919.08.29.)

아주 열악한 환경 속에서 옥중 생활을 하고 있으나 그럴수록 자신의 목숨을 나라를 위해 바치겠다고 다짐하고 있다. 편지글에서 작가의 굳은 의지가 느껴진다. 그는 10대에 이미 스스로의 인생길을 예고하고 있는 듯하다. 국가를 향한 애정과 굳은 결심은 3·1운동 1년 후 기록한 그의 일기에서 다시 나타난다.•

오늘이 우리 단족檀族에 전 천년 후 만대에 기념할 3월 1일! 우리나라가 독립국임을 세계만방에 선언하여 무궁화 삼천리가 자유를 갈구하는 만세의 부르짖음으로 2천만의 동포가 일시에 분기, 열광하여 뒤끓던 날—오—3월 1일이여! …

오! 우리의 조령祖靈이시여, 원수의 칼에 피를 흘린 수만의 동포여, 옥중에 신음하는 형제여, 1876년‡ 7월 4일 필라델피아 독립

• 심훈, 『심훈문학전집 3』, 탐구당, 1966, p.600.
‡ 미국의 독립선언일은 1776년 7월 4일이다. 심훈은 일기에 1876년이라 적었다.

각에서 우러나오던 종소리가 우리 백두산 위에는 없으리잇가?

아! 붓을 들매 손이 떨리고 눈물이 앞을 가리는도다.

(1920.03.01.)

그는 출옥 후에도 변함없이 조국의 독립을 위한 단심丹心을 숨
기지 않았다. 3·1 운동 이듬해인 1920년에는《동아일보》와《조선
일보》가 창간되었고 '극예술협회'가 발족했다. 심훈은 흑석동 집
과 계동 큰형 집에 머물며 문학 수업을 받았다. 그의 일기에 따르
면 바이올린을 사사하는 등 음악도 해 보려 했고, 신파극을 보면서
연극을 해 보고 싶다며 관심을 피력하기도 했다. 그의 관심이 문학
에만 머물지 않고 다양한 영역에 있었음을 알 수 있다.

한동안 일본에 유학하여 문학의 길을 닦으려는 꿈을 꿨으나
집안의 무관심으로 같은 해 겨울, 변장을 하고 중국으로 망명 겸
유학을 떠났다. 이때 변장을 위해 굵은 테 로이드 안경을 쓴 모습
이 잘 알려진 심훈의 대표 사진이다. 중국에서 돌아온 후에도 그
안경을 쓴 채 영화배우로 활약하여 '로이드'라는 별명을 얻기도
했다.

그가 중국에 간 것은 연극을 공부하기 위해서였다. 베이징에
서 수개월간 체류하고 1921년 상하이와 난징을 거쳐 항저우의 지
강之江 대학에서 공부했다. 베이징에 머물 때 그는 우당于堂 이회영,
단재丹齋 신채호 등과 교류했고, 「북경의 걸인」 「고루鼓樓의 삼경」
등 시를 지어 후에 발표했다. 비슷한 시기에 쓴 「겨울밤에 내리는

비」「기적」「뻐꾹새가 운다」 등이 시집 『그날이 오면』에 실렸고, 「평호추월平湖秋月」「채연곡採蓮曲」「누외루」「악왕분」「항성의 밤」 등이 잡지《삼천리》에 발표되었다.

당시 그가 남긴 시작詩作을 보면 타지에서의 불안한 생활 속에서도 순수한 열정을 갖고 있었음을 알 수 있다. 이 시기에 쓴 시는 크게 둘로 나눌 수 있다. 외국에 나와 갈 곳 없이 독립에 대한 의지를 더욱 다지며 비분강개하는 심정을 담은 것과, 주변 자연경관을 서정적으로 노래한 것이다. 「평호추월」「북경의 걸인」「고루의 삼경」은 외국에서 고행하면서도 변하지 않은 작가의 조국에 대한 애정이 느껴진다. 「평호추월」의 한 구절을 보자.

중천의 달빛은 호심湖心으로 쏟아지고
향수는 이슬 내리듯 마음 속을 적시네
선잠 깬 어린 물새는 뉘 설움에 우느뇨.

손바닥 부르도록 뱃전을 두드리며
〈동해물과 백두산〉 떼를 지어 부르다가
동무를 얼싸안고서 느껴느껴 울었네.

한편 「채연곡」「전당강반」「목동」「칠현금」 등에서는 작가의 서정적 감성이 물씬 느껴진다. 「채연곡」을 보자.

이호裏湖로 일엽화방一葉畵舫 소리 없이 저어드니
연蓮 잎새 뱃바닥을 간지르듯 쓰다듬네
사르르 풍기는 향기에 잠이 들 듯하구나.

콧노래 부르면서 연근 캐는 저 꾸냥姑娘
걷어 붙인 팔뚝 보소 백어白魚같이 노니누나
연蓮밥 한 톨 던졌더니 고개 갸웃 웃더라.

누에가 뽕잎 썰듯 세우성細雨聲 잦아진 듯
연蓮봉오리 푸시시 기지개 켜는 소릴러라
연붉은 꽃입술 담쑥 안고 입맞춘들 어떠리.

심훈은 이국에서 어렵고 고된 생활을 이어 가는 가운데에도
조국을 향한 애국심과 낭만적이며 서정적인 면모를 함께 품고 있
었다. 그가 지닌 '내면적 복합성complexity'이 마음속에 늘 함께하고
있었다.

그는 이 시기 자신이 생각하는 이상적인 인간상을 밝히기도
했다. 중국에 머물며 그가 가장 흠모했던 인물은 바로 초대 임시정
부 국무총리를 지낸 이동휘였다. 심훈이 생각한 이상적 인간상은
이동휘 같은 '야성적 혁명가'이자 '행동파 인물'이었다.˙ 그가 중국

• 한기형, "서사의 로칼리티, 소실된 동아시아 – 심훈의 중국 체험과 『동방의 애인』", 《대동문
화연구》 제63집, 2008, p.431.

에 머물며 이론과 담론을 익히고 따지는 것에 그치지 않고 끊임없이 실천하고 행동하는 삶을 강조했다는 점에 주목해야 한다. 이런 그의 생각은 이후 발표한 여러 소설에서도 잘 드러난다.

예술인 기자 청년

심훈은 중국에서 3년 정도 지내고 1923년에 귀국한다. 그가 귀국하여 처음으로 참여한 활동은 토월회土月會의 제2회 공연으로, 이때 석영夕影 안석주安碩柱, 1901-1949와 처음 만난다. 안석주는 심훈과 나이도 같고 관심 주제도 비슷하여 문예·연극·영화·기자 등을 같이 하는 평생의 동지가 된다. 잠시 '극문회劇文會'를 조직하는 일에 참여한 후, 심훈은 1924년 동아일보사에 기자로 입사한다.

또한 그는 윤극영이 조직한 '따리아회'에 출입하며 일본풍 동요의 퇴치를 주장하고, 합창이 민족의식을 일깨우는 중요한 예술이라고 생각했다. 그는 민족의식을 가꾸어 나아가는 데 각별한 관심을 갖고 다방면으로 활동을 이어간다. 이때 첫째 부인 이해영과 별거에 들어간다.

1925년이 되며 그는 조선프롤레타리아예술가동맹, 일명 '카프KAPF, Korea Artista Proleta Federatio'가 발족하자 이에 가담한다. 그리고 《동아일보》에 최초의 영화소설 「탈춤」을 연재했는데, 이는 영화인으로 활동하는 계기가 된다. '심대섭'이라는 본명을 두고 '심훈'이라는 필명을 사용한 것도 바로 이때부터다.

1926년, 그는 학예부에서 사회부로 옮긴다. 그러나 얼마 지나지 않아 사회부 기자들과 임금 투쟁을 한 소위 '철필구락부 사건'으로 동아일보사에서 쫓겨난다. 함께 해직된 기자 중 안석주도 있었다. 이런 인연으로 두 사람은 더욱 가까운 사이가 된다.

이듬해, 그는 영화 공부를 위해 일본으로 가 교토 닛카츠日活 촬영소에서 무라타 미노루村田實 감독의 지도를 받는다. 같은 해 하반기에는 귀국하여 영화 〈먼동이 틀 때〉의 원작과 감독을 맡아 단성사에서 개봉했고 크게 흥행했다.

한편 1927년 '신간회'가 조직되었고 이때부터 각 신문사가 본격적으로 '브나로드 운동V narod movement'을 펼치기 시작했다. 러시아어로 '민중 속으로'라는 뜻의 이 운동은 농촌 계몽과 문맹 퇴치를 기조로 삼았다. 이러한 사회 분위기 속에 심훈은 「산에 오르라」라는 시를 발표한다. 그가 점차 농촌에 관심을 갖기 시작했음을 알 수 있다.

젊은이여, 산에 오르라!
그대의 가슴은 우울에 서리었노니
산 위에 올라 성대가 찢어지도록 소리지르라.
…

젊은이여, 전원田園에 안기자!
그대는 이 땅의 흙냄새를 잊은 지 오래되나니
메마른 논바닥에 이마를 비비며 울어도 보라.
쇠꽹이 높이 들어 힘껏 지심地心을 두드리면
쿠웅 하고 울릴지니 그 반향에 귀를 기울이라!
(1927.07.01.)

심훈은 1928년 조선일보사에 기자로 입사한다. 무용가 최승희와 염문이 있었던 시기도 이때쯤이다. 그러나 여러 가지 사정으로 관계가 지속되지는 않았다. 1929년에는 가장 왕성한 시작을 보여 주는데, 「밤피리」 「봄비」 「거리의 봄」 「어린이날에」 「조선은 술을 먹인다」 등이 모두 이때 완성되었다. 그중 「조선은 술을 먹인다」는 다음과 같다.

조선은 마음 약한 젊은 사람에게 술을 먹인다.
입을 벌리고 독한 술잔으로 들이붓는다.

그네들의 마음은 화장터의 새벽과 같이 쓸쓸하고
그네들의 생활은 해수욕장의 가을처럼 공허하여
그 마음, 그 생활에서 순간이라도 떠나고자 술을 마신다.
아편 대신으로, 죽음 대신으로 알코올을 삼킨다.

가는 곳마다 양조장이요, 골목마다 색주가다.

카페의 의자를 부수고 술잔을 깨트리는 사나이가

피를 아끼지 않는 조선의 테러리스트요,

파출소 문 앞에 오줌을 깔기는 주정꾼이

이 땅의 가장 용감한 반역아란 말이냐?

…

아아 조선은, 마음 약한 젊은 사람에게 술을 먹인다.

뜻이 굳지 못한 청춘들의 골(腦)을 녹이려 한다.

생재목生材木에 알코올을 끼얹어 태워버리려 한다.

(1929.12.10.)

이 시는 술 권하는 풍조에 대한 비판적 의식을 나타내고 있다. '마음 약한 젊은 사람'이나 '뜻이 굳지 못한 청춘들'을 언급할 때는 작가 자신도 술에 의지하지 않고서는 도시 생활이 어려움을 토로하는 듯하다. 그가 귀촌을 결심한 이유 중에 도시의 무질서한 사회적 분위기 속에 자신이 찰나적 향락주의에 빠지지 않을까 염려했던 측면도 있었으리라.

1930년에는 《조선일보》에 소설 「동방의 애인」을 연재하나 검열에 걸려 중단된다. 이어 「불사조」를 연재했지만 불온하다는 이유로 또다시 중단된다. 12월 24일에는 따리아회 멤버 안정옥과 재혼한다. 1924년 이해영과 별거를 시작하고 6년 만에 다시 가정을 꾸려 안정을 찾은 것이다.

1931년에는 조선일보사를 그만두고 경성방송국에 문예 담당으로 취직했다. 그러나 '황태자 전하'라는 말을 우물쭈물 넘기곤한 것이 빌미가 되어, 사상이 불온하다는 이유로 3개월 만에 추방된다.[•]

새롭게 출발하려 했지만 그의 활동은 모두 당국의 검열에 걸렸고, 결국 무직자 신세가 되고 만다. 「필경사 잡기」에 이 시기 자신의 성격에 대해 고백하는 내용이 나온다.

도회에서 명맥을 보전하려면 첫째 바지런하고 참새 굴레를 씌울만큼 약아서 백령백리百怜百俐해야 하고, 월급쟁이면 중역이나 간부의 보비위補脾胃를 하는 술책과 무슨 사업이라도 해보려면 돈있는 자에게 무조건하고 고두백배叩頭百拜 하는 별다른 오장五臟을가져야 하고 권력있는 자에게는 아유구용阿諛苟容하는 심법心法과허리가 곡마단의 계집애처럼 앞으로 착착 휘는 재조를 습득해야만 할 뿐 아니라…

심훈은 스스로 약지도 못하고 돈과 권력 있는 자에게 고개 숙여 아첨하는 재주도 없다고 술회한다. 경제적 여건이 어려워지고성격상 조직 생활에 맞지 않아 경성에서의 삶이 녹록지 않던 차에,그는 결국 귀향을 결심했다.

• 류병석, "심훈의 생애 연구", 《국어교육》 14권, 1968, p.18.

당진으로의 귀촌

다니던 직장에서 쫓겨나고 연재하는 작품마다 잇따라 검열에 걸리다 보니 그는 더 이상 경성에서 사회적 활동을 이어 가기 어려워진다. 그가 「필경사 잡기」에 쓴 것처럼 "7원짜리 셋방 속에서 어린 것과 지지고 볶고 그나마 몇 달씩 방세를 못 내서 툭하면 축출 명령을 받아 가며 마음에 없는 직업에 노명露命을 이어갈 때" 써 내린 생활시 「토막생각」을 보면 그의 어려웠던 생활 여건을 알 수 있다.

날마다 불러가는 아내의 배,
낳는 날부터 돈 들 것 꼽아보다가
손가락 못 편 채로 잠이 들었네.
…
급사의 봉투속이 부럽던
월급날도 다시는 안 올 성싶다.

그나마 실직하고 스무닷샛 날.

…

전등 끊어가던 날 밤 촛불 밑에서
나어린 아내 눈물지며 하는 말
'시골 가 삽시다. 두더지처럼 흙이나 파먹게요.'
(1932.4.24.)

오죽하면 결혼한 지 얼마 되지도 않은 아내가 흙이나 파먹게 시골로 가자고 조르겠는가. 1932년, 결국 그는 부모님이 먼저 내려가 있던 당진으로 낙향한다.

이때부터 심훈은 경성과는 완전히 다른 농촌 생활을 경험하게 된다. 그가 부곡리로 내려온 원인은 다니던 직장에서의 퇴직만은 아니었다. 당시 사회적으로 브나로드 운동이 활발히 일어났고, 그는 자본주의 도시의 병폐를 극복하려면 농촌을 살리는 게 무엇보다 중요한 일임을 굳게 믿었다. 이런 그의 정신세계는 당진으로 내려와 집필한 두 장편소설, 「영원의 미소」와 「직녀성」에서 확인할 수 있다.

수영과 계숙의 「영원의 미소」

「영원의 미소」는 심훈이 1932년 부곡리로 귀향하고 처음 발표한 소설이다. 1933년 7월 10일부터 1934년 1월 10일까지 《조선중앙일보》에 연재되었다.

심훈은 경성에서 태어나 자랐다. 출생지가 시흥군 흑석리(현 중앙대학교 부근)였으니 경성의 경계에서 태어난 것이고, 교동보통학교와 경성제일고보를 다니며 소년기 내내 경성에서 성장했다.

3·1운동에 참여하여 투옥되었다가 출소 후 약 2년간 중국에서 유학했지만 1923년 귀국 후에는 주로 경성에 있는 신문사에서 근무했다. 경성에서도 가장 중심부에서 활동한 작가이자 언론인인 것이다. 따라서 「영원의 미소」는 서울내기가 농촌에 내려가 부인과 큰아들과 함께 큰집 사랑방에 기거하며 쓴 첫 작품이다. 그가 당진으로 귀향하여 처음 쓴 소설이기에 그 안에서 당시 그의 심적 세계를 엿볼 수 있다.

간략하게 소설의 줄거리를 설명하면, 우선 세 주인공이 등장한다. 서병식과 최계숙은 의남매 간이고 김수영은 친구 사이다. 병식은 도쿄의 어느 대학에 재학하고 있었고 수영은 고등보통학교를 졸업했다. 수영은 독립운동에 가담하고 병식은 시위에 참여해 신문에 알려지고 감옥에도 다녀왔다.

석방 후, 두 사람은 투쟁 의지도 사라지고 일상생활도 해야 하기에 취업 전선에 나선다. 그러나 번듯한 일자리를 찾기 어려웠다. 결국 병식은 문선공(원고에 맞는 활자를 뽑아 내던 인쇄공), 수영은 신문 배달부, 그리고 계숙은 백화점 점원으로 취직하게 된다.

어느 날 집을 나온 계숙이 병식의 집에 드나들기 시작하고, 병식이 수영에게 계숙을 자신의 동생이라 소개하며 세 사람 사이는 묘하게 얽힌다. 그러던 중 수영이 자신을 찾아온 계숙에게 사랑의 감정을 전하며 둘은 점차 가까워지게 된다.

계숙의 마음을 얻지 못한 병식은 점점 술로 보내는 시간이 많아졌고, 설상가상으로 다니던 신문사가 정간을 당해 생계까지 위협받는 나날이 이어졌다. 결국, 병식은 마땅한 일자리를 찾지 못하고 방황하다 연인의 사랑도 얻지 못하고 안타깝게 생을 마감했다.

그러던 중, 계숙의 친구 조경자의 사촌오빠 조경호가 등장한다. 그는 지주의 아들이자 대학교수로, 계숙을 두고 수영과 삼각관계가 된다. 급기야 경호는 음모를 꾸며 계숙에게 접근하려 했으나 실패로 돌아가 그녀의 마음을 얻지 못한다.

이때 수영은 시골에 계신 아버지가 위독해져 잠시 농촌에 다녀오게 된다. 이 방문으로 그는 농촌이 크게 피폐한 데 놀라고, 그 원인이 대도시의 착취임을 인식한다. 병식의 장례식에서 자연스레 계숙을 만난 수영은 함께 농촌으로 귀향할 것을 제안한다. 대도시의 삶에 지쳐 가던 계숙도 수영과 함께 새로운 삶을 개척하고자 농촌으로 내려갈 것을 약속한다.

비록 가난했지만 두 사람은 농촌으로 내려가 결혼식을 올리고 새 생활을 시작한다. 둘은 갯벌을 개간해 새로운 토지에 보리밭을 만든다. 그들이 함께 일군 자신들의 땅에서 '영원의 미소'를 짓는 것으로 소설은 마무리된다.

이 소설에서 심훈은 지주 계급의 모순된 측면을 드러내고 그들의 추악한 행동을 비판했다. 주인공인 계숙과 수영은 연인이자 동지 관계로, 함께 식민 사회의 구조적 모순에 항거하고 저항한다. 이 작품의 특징은 자본주의 도시의 모순과 착취를 극복하기 위한 대안을 귀농과 농촌에서 찾으려 했다는 점이다.

경성 생활을 정리하고 농촌으로 낙향한 심훈 자신의 이야기가 아닐 수 없다. 당진 부곡리에 내려와 농촌공동체를 세워 보려는 꿈의 한 부분이 소설에 드러난 것 아니었을까?

심훈은 이 소설 끝에 "나의 사랑하는 조카 재영*에게 준다"고 썼다. 심재영은 수영이라는 소설 속 주인공과 아주 비슷한 인물로 보인다. 심훈의 삼남 심재호는 『심훈을 찾아서』에 이렇게 썼다.

한편 심재영은 성격이 아주 부드럽고, 부지런하고, 누구도 싫어하는 사람이 없었다. 우리 형제들은 그를 '큰형님'이라고 부르며 졸졸 따랐다. 그런 부드러운 사람이 작은삼촌 심훈에 대해서는 아주 격하게 보호하고 나섰다. 작은삼촌에 대해서 누가 말 한번 잘못하면 그 자리에서 눈이 벌개지면서 따귀 한 대가 올라왔다. 작은삼촌 심훈은 그가 쓴 소설 「영원의 미소」에 "나의 사랑하는 조카 재영에게 준다"라고 썼다. 그리고는 소설 「상록수」의 주인공 중의 하나를 만들었다.(252쪽)

---

* 심재영1912-1995. 경성농업학교(현 서울시립대학교)를 졸업하고 낙향하여 낙후된 농촌의 발전에 젊음을 바쳤다. 소설 「상록수」의 주인공 '박동혁'의 실제 인물이기도 하다.

심훈이 「영원의 미소」를 심재영에게 주겠다고 쓴 배경을 어렵지 않게 상상해 볼 수 있다. 당진에 내려와 심재영이 주도적으로 농촌을 개선해 가는 야학당과 공동경작회 활동에서 새로운 가능성을 발견했기 때문이다. 소설 속 주인공 수영에서 더 나아가, 다음 작품 주인공으로 현실에 존재하는 심재영을 염두에 두고 있었던 것이다.

농촌 계몽을 위한 구체적 활동을 고민했던 심훈에게 심재영은 경성농업학교를 졸업하고 낙향하여 농촌 발전에 이바지하는 든든한 조카였다. 더욱이 심재영은 몇 년 전에 당진에 내려와 자기 집을 지은 경험도 있었다. 작품을 보면 심훈은 늘 '행동하는 인물'을 염두에 두었고, 심재영은 이러한 그의 기준에 꼭 맞는 청년이었다.

1933년에 발표한 「여명」이라는 시는 심훈이 농촌으로 귀향해 "삼천리 강산이 무궁화 동산으로 바뀌기를 희망하며" 쓴 작품이다. 그는 도시를 떠나 농촌과 자연에 점차 귀의하고 있었다.

오- 강대한 지배자이여!
오- 위대한 구원자이여!
조화의 신 창조의 신인 그대는
거츨은 삼천리 강산에 주림의 부르지즘을
들으라!
여명이여!
그대에 귀중한 찬란한 광채로써

오늘야말로
무궁화 동산에 새로운 희망의 빛을
보내여다구

여성의 삶을 그린 「직녀성」

「직녀성」은 1934년 3월 24일부터 이듬해 2월 26일까지《조선중앙일보》에 연재된 장편소설로, 심훈이 당진에 내려와 완성한 두 번째 작품이다. 이 소설은 그의 첫 부인 이해영을 모델로 삼아 양반가 구여성이 근대적 신여성으로 변화하는 과정을 그렸다.

주인공 인숙의 아버지 이한림은 조선 반도의 혼란스러운 정세를 피해 낙향하여 도시와 담을 쌓고 지낸다. 그의 친구 윤씨는 왕가 친척의 양자로 들어가며 자작이 된다. 윤 자작은 자신의 아들 봉환과 한림의 딸 인숙을 결혼시킨다. 그러나 봉환의 문란한 생활로 둘 사이는 어렵게 이어져 간다.

그러던 어느 날, 친구 장발의 제안으로 봉환은 도쿄로 미술 공부를 하러 떠난다. 일본에 도착한 그는 공부는 등한시하다가 오히려 모델인 사요코를 데리고 조선으로 돌아온다. 당연히 부인 인숙의 입장은 난처해진다. 모진 박대를 당하면서도 인숙은 어렵게 결혼 생활을 이어 가지만 봉환의 마음은 돌아오지 않는다. 그런 와중에 사요코는 친구 귀양과 눈이 맞아 떠나고, 봉환은 같은 학교

음악 선생과 새 연애를 시작한다.

얼마 뒤 봉환은 도쿄로 다시 돌아가지만 이번에도 공부는 하지 않고 화류병(성병)에 걸려 돌아온다. 어느 날, 그와 인숙 사이에 아이가 생겼다. 그러나 봉환은 인숙의 배 속 아이가 제 핏줄이 아니라고 외면하며 오히려 그녀가 장발과 부정한 관계였다고 의심하고 핍박한다. 이런 상황 속에 인숙은 고민을 거듭하다 결국 아이를 낳는다.

아들을 낳은 인숙이 봉환의 집에 찾아가지만, 그는 장발의 아이라 누명을 씌워 모자를 쫓아낸다. 인숙과 함께 추운 밖을 떠돌던 아들 일남은 병에 걸려 끝내 세상을 뜬다. 그녀는 비로소 '여자는 평생의 고락이 남의 손에 달렸다'는 것을 깨닫고 스스로 생을 마감하려 한강 인도교로 달려간다.

그러나 그곳에서 극적으로 봉환의 여동생 봉희를 만난다. 봉희는 인숙에게 따뜻한 도움의 손길을 내민다. 인숙은 그녀의 진심어린 마음씨에 다시 살아갈 용기를 낸다. 아들의 죽음, 본인의 자살 시도 그리고 이혼의 아픔까지 겪으며 그녀는 여성도 자립해야 하는 시대로 바뀌었음을 자각한다. 자신의 장래와 일거리를 고민하던 인숙은 결국 주변의 권유와 스스로의 적성에 맞춰 보육학교에 다닐 것을 결심한다.

한편 봉희는 전기학교에 다니는 세철과 사귀고 있었다. 윤 자작을 비롯한 집안 어른들은 봉희를 참판 댁에 시집 보내려 했으나, 봉희는 결혼할 남자를 선택하는 것은 자신의 자유라며 배우자로

세철을 택한다.

세철은 자신의 길을 찾다가 원산으로 향하고, 봉희는 사범학교를 나와 원산에서 멀지 않은 보통학교에 일자리를 구한다. 인숙도 보육학교를 나와 원산에서 해변을 따라 조금 올라간 도읍에서 유치원 보모로 일을 시작한다.

이즈음, 심훈의 생각이 드러나는 중요한 문장이 나온다. 세철이 "조선의 젊은 인텔리들은 어느 때 무슨 일을 당하든지 한 가지 전문기술을 배워야 한다. 남에게 의식衣食을 의뢰해서는 안 된다." 라고 주장한 것이다. 그는 마을 회관 옆에 조그만 라디오상회를 내고 인근 지역의 주문을 받고 기계 수리도 하러 다니며 검소하게 생활한다.

인숙의 집에서 일하며 사회주의에 빠져 있던 복순도 감옥에서 나와 이들을 찾아온다. 이렇게 윤 자작의 집에서 생활하던 여인들이 경성에서 멀리 떨어진 새로운 도읍에 모두 모이게 된다. 이곳에서 봉희는 세철과의 사이에 낳은 첫 아이를 새언니에게 아람치(개인이 사사로이 차지하는 몫)로 바치겠다고 약속한다. 일남의 죽음으로 상심하고 지내던 인숙에게 양자를 안겨 준 것이다. 이렇게 주인공들이 모두 모여 한마음으로 생활할 것을 다짐하며 '이상적 공동체'를 만드는 것이 소설의 마지막 대목이다.

요약하면 이 소설에서 작가는 주인공 인숙을 내세워 당대 가족의 모습, 여성의 지위 그리고 구시대적 인습까지 두루 다뤘다.

귀족 계급과 하층민의 일상을 폭넓게 묘사하며 오랜 기간 전해져오는 구습과 급격히 변화하는 시대 속에서 수난을 겪는 여성의 갈등과 아픔을 그려 냈다.

복합적인 양면성을 지닌 심훈

위에서 본 두 작품은 심훈이 당진으로 내려와 큰집 사랑방에 기거하며 연재한 소설이다. 당시 브나로드 운동이 한창이라 두 소설 모두 주인공들이 귀농하여 새로운 활동을 모색하는 것으로 마무리된다. 여기서 중요하게 살펴볼 부분이 있다. 바로 필경사를 짓기 전 심훈의 삶과 성격, 그리고 그가 펴낸 소설의 주인공들이다. 이를 통해 필경사 건축에서 심훈의 역할과 참여 정도를 추측할 수 있다.

몇몇 자료를 살펴보면 그의 성격은 다음과 같이 묘사된다. 류병석은 "심훈의 생애 연구"에서 "그는 성품이 호탕하고 쾌활한 낙관주의자였고, 감성적이며 즉흥적·직선적 재주꾼이며 또 로맨티스트로 묶을 수 있는 자유주의자요 이상주의자"라고 했다.

그리고 최영수는 1949년 《서울신문》 기사 "심훈과 상록수"에서 그를 '몸은 크면서도 지극히 세심한 사람이며 목소리는 큰 편이나 상대방에게 호감을 주는 사람'이라고 기술했다. 한편 심훈 자신은 스스로의 성격을 그리는 글 「나의 아호 나의 이명」에서 "심沈은 본시 '잠길 침'이니 침착을 의미하고 '훈薰'은 정열과 혁명을 상징하는 뜻도 있어 복합적인 양면성을 지닌 인물"이라고 표현했다.

이런 모든 기록을 종합해 보면 그는 감성적이며 재주가 많은 이상주의자였다. 필경사를 구상하고 구체적으로 설계하는 데 그런 성격이 크게 도움이 되었을 듯하다.

일반적으로 인텔리 중에는 이런 작업, 즉 현장보다 책상에 앉아서 하는 일을 더 선호하는 사람들이 많다. 외딴 농촌에서 집 짓는 일은 웬만한 행동력으로는 착수하기 어려운 일이다. 앞의 두 작품을 통해 그가 이론과 담론에 머물기보다 실행하는 행동파적 삶을 늘 흠모했음을 알 수 있다.

심훈은 자신과 비슷하거나 자신이 선호하는 성격의 인물을 소설에 등장시키곤 했다. 그가 중국에서 생활하며 존경한 인물이 이동휘였는데, 그때 쓴 작품이 바로 「동방의 애인」이다. 주인공은 '육척도 넘을 듯한 키에 떡 벌어진 가슴'의 혁명가이자 행동파 인물이다.

심훈 자신이 3·1 운동에 참여한 일이나 1926년 동아일보사 사회부에서 임금 투쟁을 한 철필구락부 사건 역시 행동파적인 삶의 단면을 보여 준다고 할 수 있다. 바로 이렇게 적극적으로 참여하고 행동하는 성품을 바탕으로 그는 담론에 그치지 않고 집 짓는 일에 본격적으로 나섰다.

그는 당진으로 귀향하며 첫째 아들 심재건에게 주는 시 「어린 것에게」에서 자신처럼 붓을 드는 직업에 종사하지 말고 현실적이고 실제적인 일에 참여하라고 썼다. 시의 일부를 보자.

이 손으로 너는 장차 무엇을 하려느냐,

네가 씩씩하게 자라나면 무슨 일을 하려느냐,

붓대는 잡지 마라, 행여 붓대만은 잡지 말아라.

죽기 전 아비의 유산이다. 호미를 쥐어라! 쇠망치를 잡아라!

(1932.09.04. 재건이 낳은 지 넉 달 열흘 되는 날.)

앞서 살펴봤듯 심훈의 조카 심재영은 서울에서 학업을 마치고 낙향하여 낙후된 농촌 발전에 힘쓰던 인물이다. 심훈이 「영원의 미소」에서 주인공으로 세운 수영이나 「직녀성」에 나오는 세철 그리고 이후 살펴볼 「상록수」의 주인공 동혁은 모두 심재영과 같이 현실적이며 행동적인 인물이다.

당진 부곡리에 내려와 큰집에 머물며 어렵사리 농촌 생활에 적응해 갈 때 「직녀성」의 고료로 돈이 생기자 심훈은 주저 없이 모두 털어 넣고 오랫동안 머릿속으로 구상해 왔던 집을 짓는 행동력을 보였다. 본인이 수영이자 세철이자 동혁이 되어 오랫동안 간직해 온 농촌에서의 꿈을 구체적으로 실현한 것이 바로 필경사다.

제2장

「상록수」는 집 짓는 이야기였다

"자. 시작하세!"
동혁의 명령이 한 마디 떨어지자.
회원들은 굵다란 동아줄을 벌려 잡았다.
여러 해 별러오던 농우회의 회관을 지으려고
오늘 저녁에 그 지경을 닦는 것이다.

- 소설 「상록수」에서

동혁과 영신의 꿈 「상록수」

「상록수」는 《동아일보》 창간 15주년 기념 특별공모에 당선되어 1935년 9월 10일부터 이듬해 2월 15일까지 연재된 소설이다.

1930년대 우리 농촌은 일제의 수탈로 점차 피폐해졌고, 언론들은 농촌 문제에 관심을 갖기 시작했다. 「상록수」는 당시 활발히 전개되던 동아일보의 브나로드 운동과 결을 함께한다. 「상록수」의 중요한 점은 심훈이 필경사를 짓고 난 뒤 그곳에 머무르며 집필한 작품이라는 점이다. 줄거리를 살펴보자.

주인공은 고등농업학교 학생 박동혁과 여자신학교 학생 채영신이다. 두 사람은 어느 날 모 신문사가 주관하는 농촌 봉사활동 보고회에서 만나 동지가 된다. 둘 다 가정 형편이 넉넉지 못해 학업을 그만두고 농촌 계몽에 힘을 모으기로 의기투합한다.

"우리 시골로 내려갑시다! 이번 기회에 공부고 뭐고 다 집어치우고서, 우리의 고향을 지키러 내려갑시다! 한 가정을 붙든다느니보다도 다 쓰러져가는 우리의 고향을 붙들기 위한 운동을 일으키기 위해서 자, 용기를 냅시다! 그네들을 위해서, 일을 하다가 죽는 한이 있더라도, 선구자로서의 기쁨과 자랑만은 남겠지요."(50쪽)

영신은 기독교 청년 연합회 농촌사업부가 특별히 청석골로 파견하여 가고 동혁은 고향 한곡리로 내려간다. 각자 농촌으로 내려가 바삐 생활하며 편지로만 왕래하다가 어느 날, 영신이 한곡리를 방문한다. 오랜만에 만난 이들은 일과 결혼 사이에서 어느 것도 포기하기 어렵다는 것을 깨닫고, 3년 정도 계몽 운동에 매진한 후 결혼할 것을 약속한다.

청석골로 돌아온 영신은 비좁은 교회당을 빌려 야학과 여성 협동조합(부인친목계)을 운영한다. 그러나 교회당 건물이 비좁아 모든 아이들을 받기가 어려워지자 강습소 짓는 일에 절치부심한다. 한편 동혁은 일찌감치 한곡리에서 청년들을 조직해 농우회를 만들고 한곡리 회관을 성공적으로 건립한다.

한곡리 회관 완공 소식을 들은 영신은 자극을 받아 백방으로 노력하고 기부금까지 받아 그토록 염원하던 청석골 학원을 세운다. 영신은 기쁜 마음에 동혁에게 자랑도 할 겸 그를 낙성식落成式에 초청한다.

그러나 낙성식 날, 영신은 과로와 영양실조가 겹쳐 연설 도중 쓰러지고 만다. 급히 병원으로 옮겨져 급성 맹장염 수술을 받았지만 재발 가능성이 있고 몸이 쇠약하니 무리하지 말라는 처방을 받는다. 동혁의 정성 어린 간호와 보살핌으로 영신의 건강상태는 점차 호전된다.

한편, 동혁이 한곡리를 잠시 비운 사이 새로 지은 회관을 탐내던 고리대금업자 강기천은 농우회 회원들의 약점을 이용해 수작을 부려 농우회 회장직을 차지한다. 소식을 듣고 급히 한곡리로 돌아온 동혁은 회원들이 이미 고리 사채에 묶여 기천에게 굴복할 수밖에 없는 구조적 문제를 깨닫는다.

"결국은 한 그릇의 밥이 인간의 정신을 지배한다. 더군다나 농민은 먹는 것으로 하늘을 삼는다고 옛날부터 들어 내려오지 않았는가."(298쪽)

'이번 기회에 영신에게도 선언한 것처럼, 제일보부터 다시 내디디지 않으면 안 된다. 표면적인 문화 운동에서 실질적인 경제 운동으로─'(299쪽)

이 일을 계기로 동혁은 단합 정신이나 강습보다 회원들이 경제적 압박에서 벗어나게 하는 일이 우선임을 직시한다. 먼저 농우회 회원들을 구하기 위해 동혁은 기천과 끈질기게 담판을 벌인다.

결국 그가 회장이 되었으니 회원들의 부채에서 이자를 탕감하고 원금만 갚는 것으로 합의를 본다. 이 뒤로 동네 인심은 모두 동혁에게 쏠렸다.

한곡리 회관은 음력 대보름을 기하여 발회식을 열게 되었는데, 동혁의 남동생 동화는 기천이 회장이 된 것에 분노하여 회관에 불을 지르고 도망간다. 이 일로 동혁은 체포되어 옥살이를 하고 영신은 면회를 가 다시 동혁을 만난다.

이후, 건강을 어느 정도 회복한 영신은 서울연합회 추천으로 일본 요코하마로 정양靜養 겸 유학을 떠난다. 홀가분한 마음으로 도착했지만 그곳 기숙사 생활은 여러모로 영신에게 맞지 않았고, 건강은 다시 나빠져만 간다. 각기병을 진단받은 영신은 마음을 잡고 귀국하여 청석골로 돌아온다. 하지만 이미 병세가 너무 깊었다. 어느 날 밤, 학부형 회의에 참여하여 늦게까지 학원 유지 방침을 의논하던 그녀는 갑자기 의식을 잃고 만다. 이튿날 잠시 깨어나지만 곧 위중해져 동혁에게 아래와 같은 마지막 말을 남기고 결국 세상을 떠난다.

"동혁씨! 난 먼저 가요. '한곡리'하고 합병도 못 해보고…… 그렇지만 난 행복해요. 등 뒤가 든든해요. 깨끗한 당신의 사랑만은 영원히 변하지 않을 테니까요. 그리고 끝까지 꿋꿋하게 싸우며 나가실 것을 믿으니까요……"(396쪽)

뒤늦게 전보를 받고 달려온 동혁은 영결식에 참석한 모든 이에게 외친다.

"여러분! 이 채영신 양은 둘도 없는 생명을 바쳤습니다. 완전히 희생했습니다. 즉 오늘 이 마당에 모인 여러분들을 위해서 죽은 것입니다. …

지금 여러분에게 바친 채양의 육체는 흙보탬을 하려고 떠나갑니다. 그러나 이분이 끼쳐 준 위대한 정신은 여러분의 머릿속에 살아 있을 것입니다. 저 아이들의 조그만 골수에도 그 정신이 박혔을 겝니다. …

그러나 여러분, 조금도 서러워하지 마십시오. 이 채 선생은 결단코 죽지 않았습니다. 살과 뼈는 썩을지언정 저 가엾은 아이들과 가난한 동족을 위해서 흘린 피는 벌써 여러분의 혈관 속에 섞였습니다. 지금 이 사람의 가슴속에서도 그 뜨거운 피가 끓고 있습니다!"(409쪽)

동혁이 자신이 사랑하던 영신의 사업을 이어 가고 싶다고 의향을 밝히자 청석골 청년들은 박수를 치며 동조한다. 영신의 장례를 치른 뒤, 동혁이 인생의 무상함을 느끼며 앞으로의 일을 고민하고 번민에 잠겨 있을 때 글발 하나가 떠오른다. 청석골 학원 낙성식 때 식장 맞은편 벽에 영신이 써 붙였던 슬로건이다.

'과거를 돌아다보고 슬퍼하지 마라.

그 시절은 결단코 돌아오지 아니할지니,

오직 현재를 의지하라. 그리하여 억세게,

사내답게 미래를 맞으라!'(416쪽)

영신이 동혁에게 주고 간 메시지였다.

이후, 동혁은 고향 한곡리로 돌아와 '지금 우리 형편으로는 계몽적인 문화 운동도 해야 하지만 무슨 일에든지 토대가 되는 경제 운동이 더욱 시급하다'는 것을 역설한다. 또한 조선 방방곡곡을 돌아다니며 회관을 함께 지은 협동 정신으로 농촌 운동을 하리라 다짐한다.

영신을 떠나보내고 긴 겨울이 지난 어느 봄날, 동혁이 한곡리 어구에서 일전에 회관을 지으며 심었던 전나무, 소나무, 향나무 등 상록수를 보며 새 희망을 다지는 장면으로 소설은 마무리된다.

「필경사 잡기」로 보는 주변 환경

필경사는 1932년 심훈이 당진에 내려와 활동하던 중 「직녀성」을 집필한 고료를 받아 1934년에 직접 설계해 지은 집이자 「상록수」를 집필한 공간이다. 당호를 '필경사'라고 짓게 된 배경은 이 집을 다 지은 후 1935년 1월 《개벽》에 기고한 「필경사 잡기」를 통해 알 수 있다. 다음과 같이 시작한다.

우리의 붓(筆)끝은 날마다
흰 종이 위를 갈(耕)며 나간다.
…
아아, 우리의 꼿꼿한 붓대가
그 몇 번이나 꺾엿섯든고!

집을 짓고 나서 당시의 심경을 적어 친구 'K'에게 보내는 형

식의 글이다. 바로 이 글에서 그는 필경사라는 택호는 집을 짓기 4
년 전, 그러니까 1930년 7월에 발표한 시「필경」에서 따왔음을 밝
히고 있다.

우리에게 '필경'이라는 단어는 심훈의 시「필경」으로 친숙하
지만, 신라 말에 활동한 고운孤雲 최치원857-?의 시문집『계원필경
桂苑筆耕』에서도 똑같은 단어를 접할 수 있다.

최치원은 신라 시대의 대표적인 문인으로, 열두 살 때 당나라
로 유학을 떠나 과거에 합격했다. 886년, 서른 살 되던 해에 그는
자신이 유학 중 창작한 1만여 작품 중 일부를 선별하고 20권으로
편집해『계원필경』이라는 시문집을 엮는다. 신라 50대 정강왕에
게 바친, 현존하는 가장 오래된 문집이다.『계원필경』이 나오고 무
려 천 년이 훨씬 지난 뒤 중국에 건너가 문물을 익힌 조선의 청년
문인이 서른 살 되던 해에 '필경'이라는 동일한 제목의 시를 쓴 것
이다.

이때 심훈이 써 내려간 시는 독립을 염원하며 언론의 꿋꿋한
역할을 다짐하는 내용이다. 최치원이 사용한 '필경'과 단어의 어
감은 다르지만, 천 년의 시차를 두고 중국으로 떠난 젊은 문인들이
같은 서른 살에 필경을 노래한 것은 참으로 우연의 일치가 아닐 수
없다.

다시 돌아와서, 필경사는 심훈이 설계하고 심재영과 함께하

(위)필경사 인근 해안가 풍경 필경사 동쪽에는 바다가 인접해 있다. 가운데 솟은 나무 뒤로 바다가 보인다.
(아래)필경사 뒷산에서 바라본 한진포구 둑 왼쪽에 염전이, 오른쪽에 갯벌이 있다. 지금은 모두 매립되어
부곡공단이 세워졌다.

던 부곡리 공동경작회 회원들과 힘을 모아 지은 집이다. 농촌에서도 문화생활을 할 수 있도록 고심하여 건축한 주택이다. 이 공간을 이해하려면 시대 상황 외에 집 주변 환경에 대한 이해도 필요하다. 다행히 몇몇 사진 자료가 남아 있고, 「필경사 잡기」에 당시 대지 주변 사정이 세세하게 묘사되어 있다.

필경사의 위치는 당진읍에서 40리쯤 떨어진 '부곡리'라는 마을로, 당시 전보도 2~3일 걸려 도착하는 벽지의 궁촌이었다. 심훈이 이런 곳에 내려와 집을 지은 뒤 토로한 첫 감흥은 이렇다.

하늬바람 쌀쌀한 초겨울 아침부터 내리던 세우細雨에 젖은 흰 돛 붉은 돛이 하나 둘 간조된 아산만의 울퉁불퉁하게 내어민 섬들 사이를 아로새기며 꿈속같이 떠내려간다. 이것은 해변의 치송稚松이 에워두른 언덕 위에 건좌손향乾坐巽向으로 앉은 수간초려數間草廬, 그중에도 나의 분방한 공상의 세계를 가두고 독서와 필경에 지친 몸을 쉬는 서재의 동창東窓을 밀치고 내다본 1934년 11월 22일 오후의 경치다.

글에서 알 수 있듯 동쪽으로는 바닷가가 바라보이고 아산만 사이사이로 섬들이 보이며 그 사이로 돛단배들이 떠내려가는 풍광을 서정적으로 그리고 있다. 집은 '건좌손향'이라고 했는데, 이는 북서쪽에서 남동쪽을 바라보는 좌향坐向을 뜻한다. 가장 이상적인 방향으로 집터를 잡은 것이다.

그러나 두견 대신에 밤에도 산비둘기가 꾹꾹루루룩 청승스럽게 울고 원숭이는 없으나 닭장을 노리는 여우와 살가지가 횡행한다. 가두의 축음기점에서 흘러나오는 비속한 유행가와 라디오 스피커를 울려나오는 전파의 잡음으로 안면安眠이 방해될 염려는 조금도 없는, 이를테면 별유천지別有天地다.

1930년대 필경사가 들어섰을 무렵 이곳은 농촌에서도 아주 외진 곳이었고, 밤에는 여우와 살쾡이 등 야생동물까지 출몰하는 지역이었음을 알 수 있다. 바로 이런 자연 속에 묻혀서 작가는 자신의 퇴행적이었던 경성 생활을 회고한다.

도회는 과연 나의 반생에 무엇을 끼쳐주었는가! 술과 실연과 환경에 대한 환멸幻滅과 생에 대한 권태와 그리고 회색의 인생관을 주었을 뿐이다. 나이 어린 로맨티스트에게 일찌감치 세기말적 기분을 길러주고 의지가 굳지 못한 희뚝희뚝 하는 예술청년으로 하여금 찰나적 향락주의에 침륜沈淪케 하고 활사회活社會에 무용無用의 장물長物이요 실인생의 부유층蜉蝣層인 창백한 인테리의 낙인을 찍어서 행려병자와 같이 '아스팔트' 바닥에다가 내어버리려 들지 않았던가.

그리고 대도시 경성에서의 질곡에서 벗어나 원래 하려던 문예의 뜻을 좀 더 다지기 위해, 다음과 같이 굳게 다짐한다.

동시에 더욱이 문예의 길이란 가시밭을 맨발로 밟고 나가는 것이나 다름없이 간난한 것을 깨달았다. 이 길을 개척하고자 하면 소질과 본분이야 있고 없고 간에 적어도 한限 십 년 하고 살을 저미고 뼈를 깎아내는 듯한 노력과 수련을 쌓는 시기가 있어야 비로소 제 일보를 내어디딜 수가 있을 것이다.

그는 문예의 길을 가려면 적어도 10년 정도는 스스로 내실을 다져야 한다고 느끼고 있다. 농촌으로 내려온 것도 이러한 목적으로 자신을 수련하기 위해 택한 귀향길이었음을 밝힌다.

나는 이기적인 고독한 생활을 영위하려는 것도 아니요, 또한 중세기적인 농촌에 아취가 생겨서 현실을 도피하려고 '필경사' 속에다가 청춘을 감금시킨 것이 아니다.
다만 수도원의 수녀와 같이 무슨 계획을 꾸미다가 잡혀가서 한 십 년 독방생활을 하는 셈만 치고 도회의 유혹과 소위 문화지대를 벗어나 다시금 일개의 문학청년으로 돌아가려는 것이다. 비록 일단사호음一簞食瓢飮*의 생활이라도 내 손으로 지탱해 나가면서 형극의 길을 제 일보로부터 고쳐 걸으려는 것이다.

따라서, 심훈은 경성에서의 어려운 생활을 잠시 벗어나 농촌

---

* 공자가 안빈낙도하는 제자 안회를 칭찬하며 한 말, '일단사일표음一簞食一瓢飮(한 그릇의 밥과 한 표주박의 물)'과 비슷한 표현으로 보인다.

에서 안빈낙도의 정신으로 자신을 수련한 후 다시 문인으로 돌아가겠다는 꿈을 품고 내려와 필경사를 건축한 것이다.

물부리가 잡아 준 집터

심훈은 시 「필경」을 집필하고 2년 후인 1932년에 당진으로 귀향한다. 심재영에 의하면, 심훈이 유소년기를 보냈던 당시 흑석동은 완전히 시골이었다.[*] 그러나 「필경」을 집필할 즈음에는 경성이라는 대도시의 교외화 추세로 농촌 분위기를 점점 잃어 가고 있었다. 따라서 심훈은 농촌에 관심이 있었음에도 고향인 흑석동에는 가지 않겠노라 마음 먹고 당진 부곡리로 내려온다. 고향보다 농촌을 택한 것이다.

그는 새로 맞이한 부인과 아들을 데리고 내려와 심재영 댁 사랑채에 기거하며 작품 활동을 시작했고, 다른 한편으로는 집터를 보러 다녔다. 지금의 필경사 터를 잡게 된 일화를 심재영은 다음과 같이 회상한다.

심훈은 당진으로 내려온 후 집터를 정하려고 이곳저곳 돌아보다가 어디선가 가장 아끼던 상아 물부리(담배를 끼워서 피우기 위해 입에 대는 부분)를 잃어버렸다. 사랑하는 친구에게 선물 받아 애

---

[*] 심재호, 『심훈을 찾아서』, 문화의힘, 2016, p.77.

지중지하던 물건을 잃어버렸으니 오죽 애가 탔을까. 주위를 샅샅이 살피며 다닌 곳을 모조리 되짚어본 끝에 어느 터에서 그 물부리를 찾았는데, 그곳이 바로 지금의 필경사가 있는 곳이다. 심재영에 의하면 이때 그는 "이 물부리가 내 집터를 잡아 주었다. 여기를 아주 집터로 정해야겠다." 하며 기뻐했다.

당시 주변 모습은 "앞이 탁 트인 조금 먼 곳엔 동그스름한 안산案山이 있고, 그 옆으로 멀리 바다와 섬이 보이고, 왼쪽 언덕 너머로는 들(논)이 있고, 그 갓으로는 우거진 노송 숲이 있으며, 가까이와 바른쪽에는 초가집들이 옹기종기 모여 있으며, 바로 정면 안산과의 중간쯤에 있는 언덕에 속리산 법주사 입구에 있는 소나무와 비슷한 우산같이 벌어진 수백 년 묵은 노송이 서 있는 운치란 참으로 일품이었다."고 한다.•

평탄한 대지지만, 조금 먼 곳에 안산이 있고, 후면에는 낮은 언덕이 있고, 좌측으로는 바다가 훤히 보이며, 정면으로는 확 트인 곳에 필경사 터를 잡은 것이다.

• 심재호, 『심훈을 찾아서』, 문화의힘, 2016, p.78.

부곡리 접근로에 세워진 필경사 안내 표지
접근로는 자갈길이며, 왼쪽 건물은 방앗간(현재는 멸실)이다. 필경사는 방앗간 왼쪽으로 30미터 정도 안쪽에 위치한다. 1950년대 사진.

필경사 인근 풍경
필경사 근처 부곡리 소나무 밭길을 걷고 있는 심재영. 1950년대 사진.

필경사를 지은 목수는 누구였을까

그렇다면 이 집터에 과연 누가 필경사를 지었을까? 몹시 궁금해
진다. 「필경사 잡기」에 따르면 이 집은 분명 심훈이 설계하고 지었
다. 필경사는 전체적인 외형도 독특하고 더욱이 내부는 당시 농촌
에서 찾기 힘든 아주 새로운 공간 구조를 갖췄다. 그러나 이런 집
을 짓는 일이 도회지 문화계와 언론사에서 활동하던 '하얀 손'을
지닌 문인이 어느 날 갑자기 혼자 실행할 수 있을 정도로 쉽지는
않았을 것이다.

　　전통적으로 우리 사회에서 집을 지을 때는 먼저 주인이 대
지의 위치와 필요한 규모를 전달하면, 목수들이 좌향을 잡고, 이
후 주인과 상의하여 진행하는 것이 일반적이었다. 그러나 1920년
대에 생활개선에 대한 인식이 생겨났고 1930년대에는 문화주택
과 같이 과학적이며 합리적인 주거 공간을 마련해 보려던 움직임
이 활발했다. 전래의 시골 목수가 홀로 이런 작업을 감당하기는 어

려웠을 것이다. 익숙한 기존 방식으로 짓는 것이 가장 경제적이고, 그 과정에서 문제의 소지도 적었으리라.

필경사는 평범한 목수가 전래적인 수법대로 지은 집은 결코 아니다. 내부 구조가 전에 본 적 없을 정도로 아주 새롭기 때문이다. 그렇다면 심훈은 어떤 목수를 구했을까? 그리고 도회지에서의 경험과 작가로서의 의지를 어떻게 필경사에 담았을까? 수많은 자료를 찾아봤지만 아쉽게도 필경사를 지은 목수가 누구인지 정확히 밝힌 기록은 어디에도 없었다. 그렇다면 추측에 의존할 수밖에 없다.

필경사 건축 보고서와 같은 「상록수」에서 그 실마리를 찾고자 했다. 우선 소설 속 주인공들이 목수를 구하는 과정을 살펴보자. 심훈이 필경사를 짓기 위해 목수를 구했던 경험이 담겨 있지 않을까? 동혁이 한곡리 회관을 짓기 위해 어떤 목수와 함께 일했는지 설명하는 아래 구절을 보자.

> 동혁의 아버지 박첨지도, 늙은 축들과 술이 거나하게 취해가지고 와서는
> "아아니, 내가 옛날버텀 맡아논 좌상님인데 어떤 놈들이 날 빼놓구 논단 말이냐."
> 하고 난쟁이 쉼직하게 키가 작은 석돌이 아버지의 수염을 꺼두르며
> "여보게 꽁배, 어서 따라오게."

하면서 군중을 헤치고 들어선다. 그는 석돌이 아버지와 술을 먹다가 풍물 소리를 듣고
"내 자식 놈이 둘씩이나 덤벼들어서 짓는 집인데, 아비된 도리에 안 가볼 수가 있나?"
하고 기운이 나서 올라온 것이다.(187-188쪽)

여기서 박 첨지는 제 자식이 둘씩이나 참여했다고 이야기한다. 그렇다면 그 둘은 누구이며, 실제 모델이 누구일까 궁금해진다. 심재영의 아들 심영보에 의하면, 동혁의 실제 모델인 부친에게는 남동생 심재웅과 여동생 심재완이 있었다. 심재웅은 삼촌 심훈을 유난히 따랐으나 어머니와 같이 흑석동에서 병으로 일찍 세상을 떠났다고 한다. 심훈은 1932년 3월 그를 기리며 「'웅'의 무덤에서」라는 시를 짓기도 했다. 「상록수」에서 박 첨지가 두 아들, 즉 동혁과 동화가 회관 짓는 데 열심히 참여했다고 한 것은 바로 심재영과 심재웅을 염두에 둔 것이다. 아들이 둘 있었다는 사실은 현실과 일치하는 대목임을 알 수 있다.

이엉을 엮을 짚도 농우회에서 연전부터 유념해 두었는데, 여러 사람이 입의 혀같이 봉죽을 들었거니와, 회원 중에 석돌이는 원체 지위(목수)의 아들인 데다가 눈썰미가 있어서 수장은 물론, 문짝까지 제 손으로 짜서 달았다.(190쪽)

위 대목을 보면 동혁은 농우회에서 활동하는 '석돌'이라는 젊은 목수와 함께 작업을 한 모양이다. 그리고 석돌의 부친이 '지위' 수준의 목수고 동혁의 부친인 박 첨지와도 친한 사이임을 알 수 있다. 더욱이 박 첨지가 석돌의 부친을 가리켜 '내가 옛날부터 맡아 논 좌상님'이라며 모시고 들어오는 장면은 여러 가지를 시사한다. 이 두 인물 사이에 과거부터 어떠한 관계가 있었던 듯하고, 지위가 비록 체구는 작지만 박 첨지가 절대 신임하는 사람이라는 것을 알 수 있다.

한편 소설의 중반쯤에는 여자 주인공 영신이 청석골 학원을 짓느라 동분서주하고, 어느 정도 모금이 된 후 목수를 구하는 장면이 나온다. 영신은 여자이기에 직접 작업자들을 지도해서 설계와 공사를 이끌기엔 어려움이 따르리라 예상했고, 따라서 목수 구하는 일을 아주 중요하게 여겨 정성을 다했다.

동네에 지위 명색이 두어 사람 있기는 하지만 닭의 장, 돼지우리나, 고작해야 토담집이나 얽어본 구벽다리뿐이다. 영신은 생각다 못해서 삼십 리 길을 걸어서 장터로 목수를 부르러 갔다. 재목은 마침 근동에서 발매를 하는 사람이 있다니까, 생목을 잡아 쓸 셈만 치고, 우선 안목이 있는 목수를 불러다가 의론이라도 해 볼 심산이었다.
영신은 수소문을 해서, 면역소나 주재소 같은 관청 일을 도급으로 맡아 지었다는 젊은 목수 한 사람을 찾아보고는 무작정하고

데리고 왔다. 데리고 와서는

"여보, 피차에 젊은 터이니, 품삯 생각만 하지 말구, 우리 모험을 한 번 합시다요. 우리 둘이서 이 학원 집을 짓는 셈만 치고 시작을 해서, 성공만 하면 당신의 이름도 나고, 큰 공익사업을 하는 게 아니겠소?"(223-224쪽)

이렇게 영신은 경험 있는 젊은 목수에게 남의 밑에서 주어진 일만 하지 말고, 책임을 지고 전체를 맡아서 하는 도편수가 되어 달라고 은근히 제안한다. 그리고 그 목수는 영신의 제안을 선뜻 받아들인다.

학원을 시급히 지어야 할 사정과 돈이 당장에는 백여 원밖에 없다는 것을 툭 털어놓고 이야기를 한 후, 서랍 속에서 여러 가지로 그려본 설계도를 꺼내어 보였다. 설계도를 한참이나 들여다보고 앉았던 서글서글하게 생긴 목수는

"그러십시다. 제 힘껏은 해봅죠. 돈 바라고 하는 일도 있구, 일 재미로 하는 일도 있으니깐입쇼."

하고 선뜻 대답을 하였다. 바다 밖으로까지 바람을 잡으러 다녀서 속이 터진 목수는, 영신의 활발한 첫인상도 좋았거니와 자기의 사사로운 일이 아닌데, 물정을 모르는 신여성이 삼십 리 밖으로 저를 데리러 온 열성에 감복하였던 것이다. 뿐만 아니라, 하삐를 걸치고 짜개발을 하고는, 남의 지청구만 받으며 따라다니던

사람이라, 처음으로 도편수가 되어서 제 의사껏 일을 해보게 되는 데, 미리부터 어깻바람이 났던 것이다.(224쪽)

동혁과 영신이 목수 구하는 대목을 보면 심훈이 필경사를 지을 때도 비슷한 방식으로 목수를 구했으리라 추측할 수 있다. 닭장이나 돼지우리를 지은 경력으로는 부족하고, 면역所面役所나 주재소駐在所 같은 제법 규모 있는 일에 참여한, 경험이 있는 젊은 목수를 택한 것이다.

영신이 '서랍 속에서 여러 가지로 그려본 설계도를 꺼내어 보였다'는 부분도 필경사를 지은 과정을 유추할 수 있는 흥미로운 대목이다. 심훈도 새롭게 설계 구상을 했을 것이고, 이러한 그의 의도를 이해하고 재목을 구하는 일을 해낼 기술자는 부곡리에서 찾기 힘들었으리라. 그래서 40리나 떨어진 당진읍에 사는 목수를 찾아냈던 것 같다.

그러나 현실적으로 경성에서 내려온 심훈이 잘 알지도 못하는 당진읍까지 가서 목수를 구하기는 어려웠을 것이다. 누군가의 소개로 찾아갔으리라 짐작할 수 있다. 그가 바로 소설 속의 동혁, 그러니까 그의 조카인 심재영이 아닐까? 심재영은 1931년에 이미 아버지로부터 소개 받은 '꽁배'를 도편수로 모시고 부곡리에 집을 지었다. 그렇기에 소설 속 박 첨지가 키 작은 석돌 아버지의 수염을 꺼두르며 모시는 장면도 연출된 것 아닐까?

그럼, 이쯤에서 심훈보다 두 해 일찍 귀향해 살고 있던 심재영의 고택*을 먼저 살펴보자. 사랑채 구조를 보면, 기둥으로 가로세로 15센티미터인 정사각형 각재를 썼고, 내부 공간은 가로세로 2.5미터의 모듈이 모여 이루어져 있다. 필경사의 경우 가로세로 12센티미터의 정사각형 목재 기둥을 썼고 2.5미터 모듈로 집을 지었다. 즉, 심재영 고택 사랑채와 필경사는 형식과 간격이 똑같다. 여기서 심재영 고택 사랑채를 지은 목수가 필경사도 지었다고 추측해 볼 수 있다.

「상록수」와 심재영 고택의 안채·사랑채 구조를 함께 보면, 안채는 석돌의 아버지가 전통 목구조 방식으로, 사랑채는 도면을 볼 줄 아는 석돌이가 아버지의 지휘하에 지었을 것이다. 그리고 심훈은 심재영으로부터 바로 이 젊은 목수 석돌이를 추천받아 필경사를 함께 지었을 것이라고 유추할 수 있다.

심재영은 바로 3년 전에 집을 지어 보았기에 부곡리에 내려온 심훈과 함께 생활하며 그가 꿈꾸는 '문화생활이 가능한 농촌 가옥'에 대해 이야기 나눌 수 있었을 것이다. 어떤 목수가 필요할지 고민하기도 했으리라. 심훈은 심재영 고택 안채처럼 커다란 대들보를 얹은 전통 목구조보다는, 사랑채처럼 정사각형 모듈로 손

---

* 심재영 고택(충청남도 당진시 송악읍 상록수길 29-8)은 심재영이 1930년 당진에 내려와 농토 관리사에서 기거하며 지은 집이다. 집이 완공된 1931년 심훈의 부모가 이곳으로 낙향했고, 이듬해 심훈이 서울 생활을 청산하고 내려와 작품 활동을 했다. 집 형태는 ㄱ자형 안채, 각각 ㅡ자형인 사랑채와 부속 건물이 모여 전체적으로 ㅁ자형이다. 필경사와 500여 미터 떨어져 도보로 오갈 수 있다.

쉽게 지을 수 있는 구조를 택했다. 더욱이 석돌은 심재영이 주도하는 공동경작회 멤버이기도 했기에 어렵지 않게 삼촌에게 추천했을 것이다. 또한, 심재영은 자기 집을 지으며 쌓인 경험을 바탕으로 공동경작회의 다른 회원들과 함께 외딴 농촌에서는 구하기 어려운 자재와 인력 조달을 도맡으며 필경사 짓는 일을 도왔으리라.

「상록수」의 다음 내용을 보자.

음력 칠월의 초승달은 명색만 떴다가 구름 속으로 잠겼는데, … 농우회의 열두 회원들은 단체로 일을 할 때면 입는 푸른 노동복 저고리를 입고, 수건으로 머리를 질끈 동이고 모여 섰다. 동혁이 형제와 건배는 기다란 장대에 솜방망이를 단 것을 석유를 찍어가며 넓은 마당을 밝히고 섰는데, 바람결을 따라 석유 그을음 냄새가 근처 인가에까지 훅훅 끼친다.
"자. 시작하세!"
동혁의 명령이 한 마디 떨어지자, 회원들은 굵다란 동아줄을 벌려 잡았다.
여러 해 별러오던 농우회의 회관을 지으려고 오늘 저녁에 그 지경을 닦는 것이다.(184-185쪽)

이 대목에서 소설 속 주인공 동혁, 그러니까 심재영의 지휘 아래 농우회 열두 회원들이 함께 지경 작업에 착수한 것을 볼 수 있다. 집 짓는 과정에서 동혁은 크게 고생한다.

(위)심재영 고택 안채 안채는 ㄱ자형으로 안방, 대청마루, 건넌방 그리고 부엌으로 구성되어 있다.
(아래)심재영 고택 안채 내부 커다란 대들보를 얹어 전통적인 방식으로 지은 집임을 알 수 있다.

(위)심재영 고택 사랑채 맨 왼쪽 칸이 사랑방이다. 가로세로 2.5미터의 모듈들로 이루어져 있다.
(아래)심재영 고택 사랑방 심훈은 이곳에서 소설 「영원의 미소」와 「직녀성」을 집필했다.

그래서 다른 사람의 손을 빌리지 않고 거의 두 달 동안이나 열두 사람의 회원들이 땀을 흘린 기념탑이 우뚝하게 서게 된 것이다.

그러나 서투른 목수와 토역장이들이 얽어놓은 집이라 장마를 치르고 나니까, 지붕이 새고 벽이 허물어져서 곱일을 하느라고 동혁이도 몇 번이나 코피를 쏟았다.(190쪽)

농우회 멤버들이 공사에 서툴러 건축 과정에서 마무리가 매끄럽지 못하고 하자가 발생했던 모양이다. 이 때문에 다시 보수하고 보완하는 등 주인공 동혁, 그러니까 심재영에게 많은 어려움이 있었던 것으로 보인다. 또한 동혁은 집 짓는 데 그치지 않고, 조경까지 신경 쓰며 공사를 끝내는 데 큰 역할을 한 듯하다.

날이 어둑어둑해지고, 매미, 쓰르라미 소리도 점점 엷어질 무렵에는 회관 앞마당이 턱 어울리도록 두 길 세 길이나 되는 나무가 섰다. 전나무, 향나무, 사철나무(冬靑) 같은 겨울에도 잎사귀가 떨어지지 않는 교목喬木만 골라서 '봄이나 가을에 심어야 잘 산다'고 고집을 하는 회원들의 반대를 무릅쓰고 파다가 옮겨 심은 것이다. 그것은 동혁이가 근처를 돌아다니며 미리 보아두었다가, 나무 주인에게 파다 심을 교섭까지 해두었던 싱싱한 나무들이었다.(197쪽)

이처럼 소설에는 주인공 동혁이 한곡리 회관 짓는 일을 주도

심훈 서거 이듬해에 찍은
부곡리 공동경작회 기념 사진
앞줄 왼쪽에서 두 번째가
심재영이다.

적으로 수행한 것으로 묘파된다. 물론 소설이란 허구이기에 모두
사실이라고 보기는 어렵다. 하지만 심훈은 리얼리즘 계열 작가로
알려져 있기에 「상록수」에서 동혁의 역할은 필경사를 지을 때 심
재영의 역할과 어느 정도 비슷했을 것이다.

필경사와 관련해 심재영의 역할이 중요했음은 심훈의 셋째
아들 심재호의 저서 『심훈을 찾아서』에서도 확인할 수 있다.

심훈이 남기고 간 '필경사'는 상록수 주인공인 공동경작회원들
이 지켰다. 주인을 잃은 필경사 뜰에 난 잡초를 손으로 쥐어뜯고,
지붕이 무너지면 쌈짓돈을 털어서 다시 이었다. 자기들이 지은
집이라는, '우리들의 집'이라는 자존심에서였으리라.
심훈이 서거한 지 1년 뒤 1937년에 당시 부곡리 공동경작회원
16명이 모여 찍은 사진이 지금 심훈기념관에 전시되어 있다. "작
은아버지가 너무 그리워서 흰옷을 입고 추모 겸 기념사진을 찍
은 것"이라고 큰형님(심재영)이 나에게 설명해 주었다.(253쪽)

이 글을 보면 필경사 설계와 주요 결정 단계에서 심훈의 뜻이 제일 중요했겠지만, 짓는 과정에서는 심재영을 비롯한 공동경작회 회원들도 매우 큰 역할을 했음을 짐작할 수 있다.

설계도 볼 줄 아는 젊은 목수

「상록수」에서 영신이 구한 목수가 면역소나 주재소 같은 건물을 짓는 데 참여했던 사람이라는 부분은 특히 흥미롭다. 보통 재래식 집을 지을 때는 '설계도면'을 그리지 않았다. '해 오던 방식'대로 짓기에 집주인이나 목수 누구에게도 상세한 도면이 필요하지 않았다.

일단 도편수가 주인의 요구를 듣고 현장에서 간단히 칸수를 그리고 표기해 소통이 이루어지고, 그다음부터 목재 등 주요 부재를 구하는 방법이 주요 관심사가 되었다. 예를 들어 기둥과 보는 어떤 규격으로 하며 어디서 구할지, 서까래는 어떻게 할 것인지를 정하는 게 비용과 관련해 현실적으로 더 중요했기 때문이다. 그러나 영신이 목수를 구할 때 '여러 가지 설계도를 준비했다'는 부분이나, 완공 후 동혁이 낙성식에 왔을 때 설계도를 이미 보아 알고 있었다는 내용을 보면 청석골 학원을 지은 목수는 설계도를 볼 줄 아는 사람이었으리라 추측할 수 있다.

"집들은 엄부렁하게 지어놨지만, 인제 내용이 그만큼 충실하게 돼야 해요."

하고 동혁은 제가 주인인 듯이 영신의 손목을 끌어다가 앉혔다. 회관의 설계도를 보고, 또는 편지로 자세히 짐작은 하고 있었지만, 여자 혼자 시작한 일로는 엄청나게 규모가 큰 데 두 번 세 번 놀랐다.(255쪽)

다시 말해, 필경사를 지은 목수는 어느 정도 기초적인 설계도를 작성할 줄도 알고, 도면을 읽고 작업할 수 있는 신식 목수였을 것이다.

관습적인 방식에 의존하던 시대에서 벗어나 건축 재료나 공법이 변하고 주인의 요구가 다양해지면 설계도도 필요해지게 마련이다. 우리 사회에서 살림집을 지으며 설계도를 그리는 건 근대 들어 생긴 관행이다. 물론 왕조 시대에도 왕궁을 축조하거나 대규모 사찰을 짓기 전에는 주인과 기술자 간 대화를 위한 도면이 필요했을 것이다. 그러나 일반 주택을 짓는 작업에서 설계도를 마련하는 일은 극히 드물었다. 도면을 작성하기 시작한 건 건축가라는 근대적 직업이 생겨나면서부터라 할 수 있다.

그러므로 필경사가 목수와 주인의 협력하에 기초적인 도면을 마련하고 그 도면에 따라 건축된 초가집이라면, 그 사실만으로도 이미 독특한 건축적·역사적 의미가 있다.

필경사 짓는 비용은 얼마나 들었을까

「상록수」에는 각종 비용과 금액에 관한 내용이 여러 차례 나온다. 심훈은 구체적이고 상세한 부분까지 신경 쓰며 자세히 소개한다. 예를 들면 "3전짜리 우표가 두 장 또는 석 장씩 붙은 편지가 일주일에 한 번씩은 거르지 않고 내왕을 하였다."는 문장이 있다. 여기서 우표값은 그리 큰 액수가 아니기에 "편지를 주고받았다." 정도로 써도 의미를 충분히 전달할 수 있다. 그러나 작가는 우표값 외에도 군청 서기 월급 30원, 한 달 밥값 8원, 전문학교 졸업 후 받는 월급 40~50원처럼 수입과 방세, 급여 등의 그 액수를 구체적으로 기록해 두었다.

이런 자료는 당대 경제 활동을 이해하는 데 도움을 준다. 그리고 심훈이 필경사 짓는 데 들어간 비용을 정확히 밝히지는 않았지만, 소설에서 소개하는 금액들로 추측해 보며 금전적인 면을 이해하는 또 하나의 축을 만들 수도 있다.

그렇다면 심훈은 왜 이렇게 공사비나 기부금, 각종 비용과 금액을 「상록수」에 세심하게 기록해 두었을까? 이런 구체적인 묘사는 그가 당진으로 귀향해 집필한 「상록수」 이전의 두 작품에서는 보기 어렵다. 즉, 필경사를 지은 뒤 새롭게 나타난 특징이다. 그 배경은 작가가 동혁과 영신을 통해 고백하는 다음 대목에서 이해할 수 있을 것이다.

'그렇다. 그러나 인제 와서는 무형한 그네들을 믿는 것만으로는 도저히 만족할 수가 없다. 사람을 믿고 싶다! 육안으로 보이는 좀 더 똑똑한 것, 확실한 것, 즉 과학을 믿고 싶다! 직접으로 실험할 수 있는 것을, 노력하는 정비례로 그 효과를 눈앞에 볼 수 있는, 그러한 일을 하고 싶다!'(334쪽)

'지금 우리의 형편으로는 계몽적인 문화 운동도 해야 하지만 무슨 일에든지 토대가 되는 경제 운동이 더욱 시급하다.'는 것을 역설하고 자신의 경험을 이야기하였다.(417쪽)

이들의 독백에 가까운 다짐은 결국 현실적이고 실제적인 일이 중요하다고 강조한다. 농촌 계몽 운동을 한다며 관념적인 온갖 구호를 외치지만 결국 중요한 것은 경제적이며 과학적인 생활 태도를 확산하는 일임을 두 주인공은 깨닫는다. 작가가 여러 비용을 구체적으로 제시하며 이야기를 전개한 것은 낙후된 농촌을 개선하려면 경제 관념과 과학적 접근이 필요함을 역설하기 위해서였고, 필경사를 지은 것은 바로 이를 현실에서 실현한 사례였다.

「직녀성」을 통해 본 필경사 건축비

「필경사 잡기」를 보면 심훈은 「직녀성」을 연재하고 받은 500원을 필경사 짓는 데 썼고, 자금이 부족해 빚을 지기도 했다. 그 말을 뒷받침하듯 필경사 후면은 재래식으로 마감되어 있다. 유리창으로 마감된 전면과는 달리 부엌문은 평범한 나무문이다. (147쪽 정면 사진과 173쪽 부엌문 사진 참고) 공사비 부족으로 생긴 결과이리라.

그렇다면 당시의 500원은 요즘 돈으로 환산하면 어느 정도 금액일까? 이 문제를 풀기 위해 여러 방식을 살펴보았다. 우선 필경사를 짓던 1934년의 물가 자료를 오늘날과 비교 유추해 볼 수 있다. 당시 쌀값 등 곡물 가격으로도 비교할 수 있겠지만, 아무래도 금값이 상대적 가치를 제일 잘 유지하고 있을 것으로 보인다. 다행히 1934년에 발표한 「직녀성」에 관련 내용이 있다. 당시 금값의 가치는 아래 대목에서 찾을 수 있다.*

지금 인숙에게 귀중품이라고는 혼인 때 어머니가

---

* 심훈, 김종욱·박정희 엮음, 『직녀성(하)』, 글누림, 2016.

"옛날 물건이 돼서 모양은 없다만 이담에 고쳐서 두구두구 무슨 때에나 끼어라."

하고 함 속에다 깊숙이 넣고 잠가까지 주신 여덟 돈쭝이나 되는 순금 가락지뿐이었다.(52쪽)

여덟 돈짜리 순금 가락지를 묘사하고 있는데, 다음을 보면 그 가격이 나온다.

그 금가락지를 잡히는 도리밖에 없었다. 금값이 올랐다니까 막 팔아버리면 적어도 오륙십 원은 받을 것 같으나 그것은 할 수가 없었다. …

행랑어멈이 다녀와서 "좀 더 내라구 쌈 싸우듯 해둡쇼. 육십 원 밖엔 더 못 주겠다니 어떡헙니까." …

어떻게 변통을 하였느냐는 말도 번번이 미안하다는 말도 없이, 봉환은 제가 맡겨 두기나 했던 것처럼 그 돈 육십 원을 받아 양복 바지 꽁무니에다가 찌르고 나갔다.(53-54쪽)

그러면 여기서 공사비를 계산해 보자.

우선 금값으로 보면 여덟 돈에 60원을 받은 셈이다. 그러니까 1934년에는 한 돈에 7.5원 정도 한 셈이다. 현재는 금 한 돈에 28만 원 정도 한다(2023년 3월 기준). 그러니 당시 500원은 금으로는 66.7돈이고, 이를 현재 가격으로 환산하면 약 1,860만 원이다.

집을 한 채 짓는 데 지금 돈으로 2,000만 원이 채 들지 않은 것이다. 비교적 적게 든 셈인데, 그 배경에는 다음과 같은 이유가 있다.「상록수」의 일부분이다.

첫째, 기지가 민유지라 땅값이 안 들었고, 재목은 단단해서 썩지도 않는 밤나무 참나무 아카시아나무 같은 것을, 회원들의 집 앞이나 멧갓에서 베어왔고, 수장목은 오동나무와 미루나무를 썼는데, '영치기 영치기' 하고 회원들끼리 목도질까지 해서, 운반을 해오니 돈이 들 리 없었다.

터를 닦고 주춧돌을 박는 것부터, 자귀질 톱질이며, 네 올가미를 짜서 일으켜 세우고, 새를 올리고, 윗가지를 얽고, 토역을 하는 것까지 전부 회원들의 손으로 하였다. 이엉을 엮을 짚도 농우회에서 연전부터 유념해 두었는데, 여러 사람이 입의 혀같이 봉죽을 들었거니와, 회원 중에 석돌이는 원체 지위(목수)의 아들인데다가 눈썰미가 있어서 수장은 물론, 문짝까지 제 손으로 짜서 달았다.(189-190쪽)

한곡리 회관의 주요 건축 자재는 나무였다. 목재는 인근에서 구하고 목도질(여러 사람이 모여 무거운 물건 등을 어깨에 메고 나르는 일)을 했다니 자재비와 운송비가 크게 절약되었을 것이다. 많은 부분 동리 주변 농우회 회원들의 도움을 받았음을 알 수 있다. 다음 대목도 보자.

품삯이라고는 한 푼도 안 들었지만, 다만 화방 밑에 콘크리트를 하는 데 쓰는 양회와, 못이나 문고리며 배목 같은 철물만은 할 수 없이 돈을 주고 사다가 썼다.(190쪽)

자재비, 운송비, 품삯을 모두 아끼고 꼭 필요한 데만 돈을 들였다. 이는 모두 공사비를 절약한 배경이 될 것이다.

심훈은 필경사를 짓는 데 「직녀성」으로 받은 상금 500원을 모두 썼다. 그러나 후에 「상록수」로 다시 상금 500원을 받았고, 그중 100원은 공동경작회에 내놓았다는 대목이 있다. 적지 않은 금액이지만 주변에서 자재를 구하고 도움도 받았으니 이에 대한 대가 겸 보상으로 100원을 전달한 측면도 있었을 것이다.

「상록수」속 백 선생의 집을 찾아서

「상록수」는 건물 짓는 이야기뿐만 아니라 문화주택에 관해서도 아주 상세히 묘사하고 있다. 바로 '백 선생'이라는 인물의 집인데, 매우 자세히 서술하고 있기에 작가가 그 집을 방문했거나 그곳에서 얼마간 살기라도 한 듯하다. 심훈이 이 집을 묘사하는 데 참고하기 위해 방문해 봤을 문화주택이 있었을까 찾아보다, 문득 가회동 한씨 가옥에서 영감을 얻은 게 아닐까 하는 생각이 들었다. 그래서 이 가옥과 「상록수」를 비교하여 읽어 보고자 한다.

우선, 주인공 동혁과 영신이 송월동에 있는 백 선생 집을 찾아가는 장면을 보자. 송월동은 서대문에서 성곽을 따라 올라가다 나오는 언덕 쪽 동네를 일컫는데, 일제강점기에는 이곳에 문화주택이 많이 지어졌다.

(왼쪽)가회동 한씨 가옥 서쪽에 마련된
대문을 열고 들어와 행랑마당에서 본채를
향하면 네 귀가 반짝 들린 현관 포치와
사랑채 지붕을 볼 수 있다.
(오른쪽)가회동 한씨 가옥 현관 한옥임에도
포치와 현관이 마련됐다는 점이 이채롭다.

동혁은 약속한 시간에 거의 일 분도 어김없이 백씨의 집 대문 안
으로 들어섰다. 목욕을 하고 교복으로 갈아입고 와서, 중문간까
지 나갔던 이 집의 주인은 그를 얼른 알아보지 못하다가
"어서 들어오세요. 난 누구시라구요. 시간을 썩 잘 지켜주시는군
요."
하고 너스레를 놀며, 동혁을 반가이 맞아들인다.
"댁이 훌륭한데요."
하고 동혁은 두리번거리며 집안을 둘러본다. 삼천 원이나 들여
서 새로 지었다는 집은 네 귀가 반짝 들렸는데, 서까래까지 비둘
기장처럼 파란 뼁끼칠을 하였고, 분합마루 유리창에는 장미꽃
무늬가 혼란한 휘장을 늘여 쳤다.(37쪽)

여기서 집의 네 귀가 반짝 들렸다는 것은 다소 의외다. 당시

에는 문화주택에 주로 뾰족지붕을 얹었기 때문이다. 「상록수」에서는 특이하게도 네 귀가 올려진 한옥 형식의 문화주택을 묘사하고 있다. 이는 일반적인 문화주택과는 상당히 거리가 있다. 또한, 한옥임에도 문화주택 범주에 넣어 기술했다는 점을 눈여겨보아야 한다. 당대 지식인들 사이에서 문화주택은 일본식이나 서양식 등 특별히 정해진 양식을 지칭하기보다는 '문화생활'을 영위할 수 있는 집으로 좀 더 폭넓게 인식되었음을 알 수 있다.

백 선생 집에서 한옥의 공간적 특징은 다음과 같이 묘사된다. (이하 알파벳은 93쪽 평면도의 해당 부분을 나타낸다.)

먼저 온 회원들은 응접실로 쓰는 대청(A)에 모여서 혹은 피아노를 눌러보고, 혹은 백씨가 구미 각국으로 시찰과 강연을 하러 다닐 때 박은 사진첩을 꺼내놓고 둘러앉았다.
그가 여류 웅변가요, 음악도 잘한다는 말은 들었지만 그 집에 피아노까지 있을 줄은 몰랐고, 독신으로 지내는 여자가 이러한 문화 주택을 짓고 지낼 줄은 더구나 상상 밖이었다.(같은 쪽)

한옥에서 '대청'이 응접실로 활용되었음을 알 수 있는 대목이다. 요즘 아파트 구조에서 거실에 외부 손님이 오는 것은 당연한 일이다. 그러나 한옥에서 안주인의 공간인 대청에서 외부 방문자를 응접했다는 것은 그만큼 사회가 변해 주택 공간에 대한 인식과 그 활용에 큰 변화가 있었음을 뜻한다. 특히 피아노에 대해 묘사하

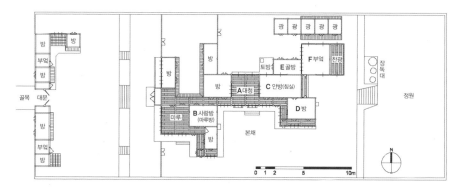

가회동 한씨 가옥 평면도

1976년 12월 서울특별시가 실시한 '도성 내 민속경관지역 조사연구' 내용 중 '가회동 산은관리가' 도면을 참조해서 작성했다. 2014년 종로구청에서 작성한 '가회동 한씨가옥 정밀실측보고서'에는 사랑방(B) 남쪽의 작은 방이 멸실된 것으로 되어 있다.

가회동 한씨 한옥 대청(A)과 안방(C)

안방 안쪽으로 골방(E)이 보인다. 오른쪽 복도 끝은 현재 가구로 막혀 있지만, 창문이 있는 또 다른 방(D)이다.

고 있는데, 당시 피아노는 문화주택을 상징하는 아이콘이었다.

'그저 안 왔을 리는 없는데……'
동혁은 매우 궁금하기는 하나, 이 구석 저 구석 기웃거리며 찾을
수도 없고, 채영신이는 왜 보이지를 않느냐?고 누구더러 물어보
기도 무엇해서, 한구석 의자에 걸터앉아서 분통같이 꾸며놓은
마루방(B) 치장만 둘러보았다.(38쪽)

동혁이 앉아 있는 공간은 사랑방으로, 소위 '응접실'이었다.
마루방이고, 의자가 놓여 있으며, 분통같이 백색 회벽으로 꾸며 놓
았다는 대목을 보면 알 수 있다. 당시 양식 문화주택 응접실은 대
개 회벽으로 마감했다. 여기서 묘사하는 백 선생의 집은 목구조 한
옥식 문화주택이지만 내부 마루방은 백색으로 마감했다.

백씨가 조선 옷으로 갈아입고 나오는데, 반쯤 열린 침실(C)이 언
뜻 눈에 띄었다. 유리 같은 양장판 아랫목에는 새빨간 비단 보료
를 깔아놓았고, 그 머리맡의 자개 탁자는 초록빛의 삿갓을 씌운
전등이 지금 막 들어와서 으스름달처럼 내리비친다. 여자의, 더
구나 독신으로 지내는 여자의 침실을 들여다보는 것이 실례인
줄 모르는 것은 아니나, 주인이 제가 앉은 바로 맞은쪽의 미닫이
를 열고 드나들기 때문에 자연 눈에 띄는 데야 일부러 고개를 돌
릴 까닭도 없었다.(같은 쪽)

(위)사랑방(B) 내부 사랑방에서 동쪽의 안채가 있는 방향으로 바라본 모습이다.
(아래)사랑마루에서 본 사랑방 도면에서와 같이 사랑방 남쪽으로 작은 방이 있었는데, 개축 과정에서
멸실되고 현재는 복도가 마련되어 있다.

이 대목에서 심훈은 안방을 '침실'이라고 묘사한다. 과거 재래주택에서 안방이 다목적 공간으로 쓰였던 반면, '침실'에는 취침만을 위한 공간이라는 뜻이 담겨 있다. 문화주택이 지어지며 사용되기 시작한 용어다. 여기서도 공간 묘사가 아주 세심해 마치 작가가 언젠가 잘 아는 집을 방문하고 쓴 듯하다. 그는 더 나아가 이렇게 공간 설명을 이어 간다.

동혁은 그와 똑같이 으리으리하게 치장을 해놓은 방이 그 윗간에도 또한 이간(D)쯤이나 엇비슷이 들여다보이는 데는 놀라지 않을 수 없었다. 그러다가
"왜들 얘기도 안 하고 있어요? 자, 이것들이나 들으면서 우리 저녁을 먹읍시다."
하고 귀중품인 듯 빨간 딱지가 붙은 유성기판을 들고 나오는데, 그 등 뒤를 보니까 윗목에 반간 통이나 되는 체경이 달려 있다. 동혁은 속으로
'오오라, 체경에 비쳐서 또 다른 방(E)이 있는 것 같은 걸 몰랐구나.'
'기생방이면 저만큼이나 차려놨을까.'
하면서도, 은근히 영신이를 기다리느라 고개를 대문 편으로 돌리곤 한다.(38-39쪽)

이 대목을 보면 안방 옆엔 큰 방이 있고, 반 칸 정도 되는 공간

이 하나 더 있는데, 특히 그곳이 체경(몸 전체를 비추어 볼 수 있는 큰 거울)에 비쳐 동혁은 처음에는 방인 것을 눈치채지 못한다. 이 공간은 안방에 딸린 골방으로, 보통 딸아이나 동자치(밥 짓는 여자 하인)가 머무는 공간이었다. 자녀들이 떠나면 안방에 딸린 보조 공간으로도 쓰인다. 그런데 작가는 소설에서 이 방을 백 선생이 사용하는 파우더룸powder room으로 묘사한다. 당시 대규모 한옥 문화주택에 사는 상류층은 양식 주택에나 있을 법한 파우더룸까지 두고 있었음을 묘사하는 대목이다.

> "아, 이건 별식을 한다고 저녁을 굶길 작정야?"
> 하고 백씨가 분합 끝으로 나서며 외치니까
> "네. 다 됐어요."
> 하는 귀에 익은 목소리가 부엌(F) 속에서 나더니, 뒤미처 에이프런을 두른 영신이가 양식 접시를 포개들고 이마에 땀을 흘리면서 나온다.(39쪽)

백 선생이 분합 끝으로 나서며 부엌에 있는 영신에게 뭐라 말하는 장면이다. 여기서 백 선생 집에 대한 묘사는 마무리된다. 당시 송월동에는 백 선생의 집처럼 크고 화려한 한옥은 없었다. 아마 심훈은 익숙했던 가회동 한씨 가옥을 방문한 기억을 살려 글을 쓰지 않았을까?

심훈과 가회동 한씨 가옥

이렇게 자세한 서술을 보면 심훈은 과거에 방문해 본 어떤 주택을 염두에 두고 백 선생의 집을 묘사한 것 같다. 직접 살아 보거나 방문한 경험이 없으면 위와 같이 넓고 복잡한 공간을 상세히 기술하기 어렵다.

여기서 내가 오래전에 연구를 위해 방문한 가회동 한씨 가옥이 떠올라, 혹시 심훈이 이곳을 방문하고 소설을 쓴 것은 아닐까 상상해 보았다. (나는 이미 『한국의 주택, 그 유형과 변천사』라는 책에서 '가회동 산업은행 관리가'를 다룬 바 있다.)

심훈은 가회동 인근 경성제일고보를 다녔고, 1920년에는 계동에 위치한 장형 심우섭의 집에 머무르며 문학 수업을 받고 선배인 이희승에게 한글 맞춤법을 배우기도 했다. 심훈에게는 계동과 접해 있는 가회동이 출생지인 흑석동 이상으로 친숙한 공간이었다.

더욱이 그는 1917년 후작 작위를 받은 왕족 청풍군 이해승의 누이 이해영과 결혼했고, 처남과 교류하기도 했다. 심훈이 1920년 2월 14일에 쓴 일기*에는 아래와 같은 대목이 있다.

누동으로 가 이해승 군에게 동아부인상회의 주株를 들라 하고 저녁 겸 점심을 얻어먹은 후 장세구 군을 태흥여관으로 찾았다.

---

* 심훈, 『심훈문학전집 3』, 탐구당, 1966, p.596.

이해승과 어울리고 점심까지 얻어먹었다는 것으로 보아 아주 막역한 사이였음을 알 수 있다.

그렇다면 가회동 178번지(한씨 가옥 지번) 소유자와는 어떤 관계였을까? 기록을 찾아보면 이 땅은 1912년에는 박준설이라는 사람의 소유였다. 그러다 1919년, 591평 규모의 이 토지가 고종황제의 사촌형인 후작 이재원의 아들 이규용의 소유로 바뀐다. 일제 강점기에는 왕족에게 후작 작위를 줬고, 심훈의 처남 이해승과 후작 이재원은 같은 왕족이므로 서로 어느 정도 알고 지냈을 것이다. 이 집의 소유주 이규용과도 왕래가 있었을 것이다. 따라서 심훈은 1919년 이후, 집 소유주가 이규용이었을 때 이해승을 통해 이 집을 방문한 경험이 있으리라.

이 주택은 1928년에 당시 경제인이었던 한상룡의 소유로 바뀐다. 그의 삶을 다룬 책 『한상룡을 말한다』를 보면 그는 이미 가회동 93-1번지에 집을 지은 경험이 있고(백인제 가옥), 이후에 이 집도 매입해 대대적으로 개수 작업을 했다고 기록이 남아 있다. 1928년 집이 호화롭게 개수된 이후, 당시 조선일보사 재직 중이었던 심훈은 여러 이유로 이 집을 다시 방문해 보지 않았을까.

소설 속에서 이 주택은 지붕의 '네 귀가 반짝 들려 지었다'고 묘사되어 있다. 이 부분이 현재의 가회동 한씨 가옥과 일치한다. 「상록수」에 묘사된 외부 공간에 대한 부분도 살펴보자.

마당은 그다지 넓지 못하나 각색 화초가 어울려져 피었는데, 그

중에도 이름과 같이 청초한 옥잠화 두어 분은 황혼에 그윽한 향
기를 풍긴다.(37쪽)

이 부분은 후에 한상룡이 집의 소유주가 되고 나서 개수했던
부분과 비교하며 봐야 한다. 『한상룡을 말한다』에는 이 집을 구매
하고 수리했다는 내용이 나온다.

한편 나는 당시 이달용 후작의 동생이신 이규용 씨의 가옥이 매
물로 나와 있다는 이야기를 듣고 그 집을 2만 8천 원에 매수하기
로 하였습니다. 지불 대금 중 2만 5천 원을 먼저 지불하고 3천 원
은 내년에 지불하기로 하고 계약을 마쳤는데 2만 2천 원은 한성
은행에 새집을 담보로 넣고 임시 차입을 했습니다. 이 돈은 나중
에 식산은행에서 다시 빌려 갚았습니다. 11일부터 새 집의 수리
를 시작하고 원래 살던 집(가회동 93-1번지, 원래 한상룡 가옥이나
한상룡이 178번지로 이사한 후에는 백인제 가옥으로 불렸다)에서 식목
을 일부 이식하여 정원 체제를 정비하여 7월 16일에는 과거 24
년 동안 살았던 정든 저택을 비우고 새로운 집으로 이사하였습
니다.(274-275쪽)

정리해 보면, 고종의 오촌 조카 이규용에 의해 건립되고
1928년에 한상룡이 매입하면서 대대적으로 정비한 집이 현재의
가회동 한씨 가옥이라는 것이다. 특히 '새 집의 수리'를 하고 '식

목을 일부 이식하여 정원 체제를 정비하였다'는 부분은 심훈의 소설 속 백 선생의 집 묘사와 매우 유사하다.

　이렇게 유사하게 서술된 것으로 보아 심훈은 이규용이 이 가옥의 소유주였을 때 방문했을 것이고, 1928년 소유주가 한상룡으로 바뀐 뒤에도 어떤 이유에선지 이 주택에 들러 보아 그 공간 구조를 잘 알고 있었던 것으로 보인다.

필경사 완공 1년 후, 「7월의 바다」

심훈은 1935년 여름 「칠월의 바다」라는 수필을 썼다. 이 작품은 1934년 여름에 필경사 공사를 준비하고 이듬해 「상록수」를 탈고하던 시기와 맞물려 당시 작가의 심경을 살피는 데 큰 도움이 된다. 글의 내용을 보면 1년 전쯤, 그러니까 1934년 여름에 처음 '가치내'라는 섬을 방문하고 이듬해에 다시 와서 어린아이의 성장을 마주하며 그 감흥을 그리고 있다.

심훈이 1934년 여름을 어떻게 보냈는지는 「상록수」의 한곡리 회관 공사와 관련한 아래 대목에서 짐작할 수 있다.

한곡리의 안산인 소대갈산 마루터기에, 음력 칠월의 초승달은 명색만 떴다가 구름 속으로 잠겼는데, 동리 한복판인 은행나무가 선 언덕 위에는 난데없는 화광이 여기저기 일어난다.

...

열두 사람의 목소리가, 목구멍 하나를 통해서 나오는 듯, 우렁차게 동네 한복판을 울리자, 커다란 지경돌이 반길이나 솟았다가 쿵 하고 떨어지면 잔디를 벗겨놓은 땅바닥이 움푹움푹하게 패어들어간다. 여러 해 별러오던 농우회의 회관을 지으려고 오늘 저녁에 그 지경을 닦는 것이다.(184-185쪽)

한곡리 회관 공사는 칠월의 초승달이 뜬 저녁에 시작되었음을 알 수 있다. 그리고 아래 내용은 준공 시기를 암시한다.

마루 끝에 걸터앉아서 송편을 빚던 두 소녀는 팔월 열나흗날 밤, 구름 한 점 없는 중천에 둥두렷이 떠오른 달을, 눈 하나를 째긋하고 손가락으로 재보다가 서로 호호거리며 웃는다.
…
그동안 '한곡리'에서는 농우회관을 낙성하였다는 소식을 들은 영신은 슬그머니 성벽이 나서…(212-213쪽)

영신은 팔월 보름쯤 한곡리 농우회관 낙성 소식을 듣는다. 그러니까 필경사는 여름철 농한기인 음력 7월 초승에 공사를 시작하여 8월 대보름 직전에 준공한 것으로 추정된다. 이러한 일정을 염두에 두고 보면 작가가 처음 가치내 섬에 간 것은 필경사를 착공할 즈음인 것으로 보인다.
「칠월의 바다」는 다음과 같이 시작한다.

흰 구름이 벽공에다 만물상을 초 잡는 그 하늘을 우러러보아도, 맥파麥波 만경萬頃에 굼실거리는 청청한 들판을 내려다보아도 백주白晝의 우울을 참기 어려운 어느 날 오후였다.

나는 조그만 범선 한 척을 바다에 띄웠다. 붉은 돛을 달고 바다 한복판까지 와서는 노도 젓지 않고 키도 잡지 않았다. 다만 바람에 맡겨 떠내려가는 대로 내버려 두었다.

…

배는 아산만 한가운데에 떠 있는 '가치내'라는 조그만 섬에 와 닿았다. 멀리서 보면 송아지가 누운 것만 한 절해의 고도다.

심훈은 필경사를 착공할 즈음 한진포구에서 배를 타고 무작정 바다로 나섰던 모양이다. 이때 바람에 밀려 조그만 가치내 섬에 닿았다. 여기서 말하는 가치내 섬이 대동여지도(109쪽 도판 참고)에서 보이는 '내內섬'인지, '행담도'인지는 분명하지 않다. 그 명칭만 보면 '(가치)내'라고 하니 내섬으로 생각해 볼 수 있겠다.•

그러나 심훈은 「상록수」에서 포패조합浦貝組合과 관련해 '안섬'이라는 명칭을 사용했다. 「7월의 바다」에서 사용한 명칭과는 다르다. 이를 통해 그가 말하는 내섬(안섬)과 가치내 섬이 다름을 유추할 수 있다. 또한 당진 사람들은 행담도를 '송아지가 누운' 것처럼 생긴 섬이라 묘사하며 오랫동안 '갇힌섬'이라고 불렀다고 한

• 심천보 선생에 의하면 내섬은 한진포구에서 가까웠다. 그는 "내섬을 '내도리', '안섬 동네'라고 불렀고 가치내 섬은 행담도"라고 증언했다.

다. 따라서 가치내는 행담도일 가능성이 더 높다.

심훈은 이 섬에서 꼬불꼬불한 길을 따라 언덕으로 올라가 백양목 그늘 속에서 게딱지 같은 오막살이 한 채를 발견한다. 「칠월의 바다」를 계속 보자.

'저기서 사람이 살다니 무얼 먹고 살까?' 나는 단장을 휘두르며 내려갔다. 추녀와 땅바닥이 마주 닿은 듯한 그나마도 다 쓰러져 가는 초가집 속에 예순도 넘어 보이는 노파가 나왔다. …
"아, 어디서 사는 양반인데… 이 섬 구석엘 이렇게 찾아 오셨시유?"
하고, 바로 이웃집에서 살던 사람이나 만난 듯 얼굴의 주름살을 펴면서 나를 반긴다.
"여기서 혼자 사우?"
나는 그 노파가 말을 잊어버리지 않은 것을 이상히 여길 지경이었다.
"아들허구 손주새끼허구 살어유."
"아들은 어디 갔소?"
"중선으로 준치 잡으로 갔슈."
노파는 흐릿한 눈으로 아득한 바다 저편을 건너다본다.

가치내 섬에는 노파와 젊은 부부 그리고 어린아이만이 살고 있었다. 심훈은 '이 외로운 섬에도 사람이 사나 보다'라고 썼다.

"여북해야 인간 구경두 못 허구 이런 데서 사나유. 농사처가 떨어져서 죽지 못해 이리루 왔지유."

…

"이거나 하나 맛보시유."

하는 소리가 등 뒤에서 들렸다. 돌아다보니 노파는 손바닥만한 꽃게 하나를 들고 나왔다. … 나는 마당 구석에 가 쭈그리고 앉아서 짭짤한 삶은 게발을 맛있게 뜯었다. 그대로 돌아 설 수가 없어 백동전 한 푼을 꺼내어, 한사코 아니 받는 노파의 손에 쥐어 주고 나왔다.

"아아, 인생의 씁쓸한 자태여!"

나는 속으로 부르짖으며 그 집 모퉁이를 돌아 나오려는데, 등 뒤에서,

"응아, 응아" 어린애 우는 소리가 들렸다.

…

나는 발을 멈추었다. 불현듯 그 어린애의 얼굴이 보고 싶었다. 한번 안아 보고 싶은 충동을 억제할 수 없어 발을 돌렸다.

노파에게 꽃게를 하나 받아 맛보고 돌아 나오려다가, 어린아이 소리에 흠칫하는 장면이다. 여기서 아이에 대한 그의 따스한 심성이 느껴진다. 그렇게 어린아이의 울음소리를 뒤로하고 돌아온 다음에도 심훈은 그 아이가 잘 자라는지 그리고 아직 그 섬에서 사는지 늘 궁금해했다. 그 뒤로 1년의 세월이 꿈결같이 흘렀다. 그 사

이 심훈은 필경사를 완공하고 「상록수」를 집필했다.

그러던 어느 날, 작가는 마을 친구들과 숭어 잡이를 구경하러 나갔다가 문득 가치내 섬으로 뱃머리를 돌렸다.

"어린애 잘 자라우?"

하고 묻는데, 때묻은 적삼 하나만 걸친 발가숭이가 토방으로 엉금엉금 기어나오지 않는가. 작년에 내가 대접을 받은 꽃게 발을 뜯어먹으며, 두 눈을 깜박깜박 하고 우리 일행을 쳐다본다.

"오오, 네가 벌써 이렇게 컸구나!" 나는 그 어린애를 끌어안고 해변을 거닐었다.

작년에 방문했을 때 만났던 어린아이가 잘 자라고 있는지 늘 궁금했는데, 다시 만나 성장한 모습을 보고 대견해하는 내용이다.

그날은 바다 위에 일점풍一點風도 없었다. 성자의 임종과 같이 수평선 너머로 고요히 넘어가는 태양을 바라보며 나는 석조夕照에 타는 붉은 물결을 보며 느꼈다. 이 외로운 섬 속, 쓰러져 가는 오막살이 속에서도 우리의 조그만 생명이 자라나고 있지 않은가. 그 어린 생명이 교목喬木과 상록수와 같이 장성長成하는 것을 생각할 때 한없이 쓸쓸한 우리의 등 뒤가 든든해지는 것같이 느껴지지 않는가!

(1935, 첫여름. 당진에서)

위 글에서 보듯 심훈은 「상록수」를 탈고하며 우리 농촌과 조국의 미래에 대한 상념에 잠겨 있었다. 쓸쓸하기도 하지만 한편으로는 든든한 희망을 담은 글이다. 그는 어린아이를 보며 '상록수'처럼 장성하여 우리의 든든한 미래가 되기를 염원했다.

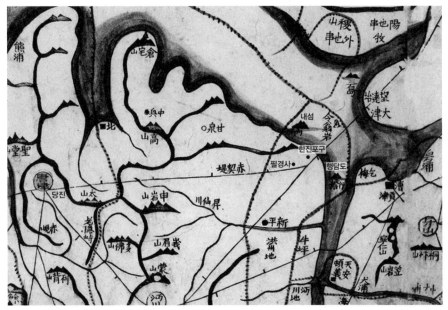

〈대동여지도〉로 보는 필경사 인근 지역
필경사와 당진, 한진포구, 내섬, 행담도 등의 위치를 한글로 표기했다.

제3장

어떤 집에서 살 것인가

1920년대 주택개량 운동이 활발하게 일어났다.
화려하고 호화로운 문화주택이 등장했지만,
심훈은 화려한 겉치장과 형식보다는 재래식에서 벗어나
새로운 생활을 담을 수 있는 집을 짓고자 했다.

변화의 시대 속에서

필경사를 건축적으로 폭넓게 이해하려면 당대의 생활개선과 주택 개량 운동, 그리고 문화주택 관련 자료를 살펴봐야 한다. 1920년 대 초부터 《동아일보》《조선일보》《개벽》 등 언론매체가 등장해 지식인에 의한 생활개선 운동이 활발해졌다.

일본에서 시작된 문화주택 관련 논의는 한반도로 퍼져나갔고, 당시 지식층들은 이를 적극적으로 우리 문제로 생각하기에 이른다. 특히 우리 지식인들은 그동안 재래주택의 부족한 점이나 개량해야 할 점에 대해 나름대로 문제의식을 갖고 있었다. 그러나 그 개선 방향에 대해 확신이 없던 차에, 새롭게 소개된 생활개선·주택개량 운동이 사회적으로 한창 유행하던 문화주택과 맞물려 큰 관심을 받았다.

더 나은 삶을 향해, 생활개선 운동

1920년대, 신지식인들은 조선인의 생활이 낙후했음을 깨닫고 각
종 언론매체를 통해 개선의 필요성을 주장하기 시작한다. 여기에
는 누구나 건강과 행복을 추구하며 편리한 생활을 누릴 수 있어야
한다는 기본 인식이 깔려 있었다. 더 나아가, 우리 민족이 일제의
억압에서 벗어나려면 생활개선의 필요성부터 자각해야 한다는 점
을 지적했다.

보성고등학교 교사 황의돈은 1920년《개벽》에 발표한 "문화
발전을 최촉催促하라"에서 생활 개조에 대해 이처럼 언급했다.

오인吳人의 생활을 개조하랴면 먼저 오인 생활의 무엇일까? 호잇
트만의 호소함과 가티 영적생활의 반면에는 육적 생활이 잇슴을
경시치 못하겟나이다.

생활개선 운동은 사상적인 영역뿐만 아니라 현실적·물질적으로도 주목하여 전반적인 삶의 질 향상을 도모해야 한다는 주장을 바탕으로 한다. 보성전문학교 교장 고원훈이 1923년 첫날《동아일보》에 기고한 "머리로부터 의식주의 개량"은 이러한 시대 상황을 잘 보여 준다.

주택에 있어서도 역시 서양식이나 일본식을 취하여야 할 것이 아니오, 조선의 고유한 건축을 그대로 가지고라도 다소간 개량을 더하야 햇빛과 바람이 잘 들어오고 또는 정결하도록 하면 그만일 것이외다.

위의 글은 특히 외국식만 따를 필요 없이, 조선의 고유한 주택을 유지하며 개량하자고 주장한다. 점차 지식인들은 의식주 사정의 열악함에 대한 논쟁에 머물지 않고 구체적인 생활개선 운동을 독려하기 시작한다. 이러한 주장들이 모여 생활의 과학화에 초점이 맞추어졌다.

생활의 과학화

당대 지식인들은 생활개선을 위해서는 무엇보다 대중을 교화해야 한다고 인식했다. 잡지《개벽》의 창간인 이돈화는 "조선신문화건설에 대한 도안"이라는 글에서 '농촌 개량'과 '도시 중심주의'를 주창하며 신문화에 대한 '지식열'과 '교육 보급'이 중요함을 역설했다. 이어 "생활의 조건을 본위로 한 조선의 개조사업"에서 사람이 잘 살기 위해서는 생활 수준의 향상이 필요하다고 주장했다.

또한 지식인들은 생활개선을 위해서는 우선 가정 개조가 필요하다고 생각했고, 가장 먼저 의복과 음식, 주택 개선에 관심을 갖기 시작했다. 박달성은 "신년개량의 제일착으로 조선의 의식주를 거하노라"에서 '편리한 의복'을 택하고, '복잡한 음식'을 피하며, '가옥 개량'의 방향을 논한다. 《신민》의 편집인 겸 발행인 이각종은 그 구체적인 방향을 제시한다.*

생활을 개선하야 시대의 진군에 적응케 하는 조건으로는 생활의 단순화와 합리화가 필요하다. 즉, 오인 생활의 제일 결함은 필요 이상으로 번잡한 데 잇으니 … 그럼으로 이러한 번폐를 버리고 가급적으로 단순히 하야 모든 것을 절약하고 절대 필요한 정도에 긋치게 하지 안이하면 불가하다.

허례의식에 얽매였던 조선인의 생활 습관을 과감히 단순화하고 합리화하여 개선하자는 주장이다.

1920년대 초반에 생활개선의 필요성을 강조하던 경향은 후

---

* 이각종, "생활개선론", 《신민》 제50호, 1929, p.3-4.

반으로 가면서 점차 개선의 기준을 제시하는 쪽으로 구체화되었다. 1930년대 중반에 이르자 각 분야의 전문가들이 가세해 '생활의 과학화'를 역설했다. 대표적으로 건축가 박길룡은 다음과 같이 주장했다.[*]

> 생활의 과학화! 과학의 생활화! 이것은 현대과학의 정예를 깨닷는 사람은 어느 나라 어떠한 사람이나 다 가티 부르짓는 부르지즘이다. … 진정한 의미하에 과학과 그 응용을 우리의 생활에 응용하야 생활을 간편화하며 모든 동작, 모든 업무에 과학적 처리법을 이용함이 필요한 소이를 절실히 느끼게 된 것은 비교적 근자부터의 일이라고 생각한다.

생활을 개선하고 사회가 발전하기 위해서는 무엇보다 과학화가 절실함을 역설한 것이다.

남성 중심에서 가족 중심으로

전통적인 유교 봉건사회는 언제나 연장자와 남성 중심이었다. 그러나 개화 의식이 확산하며 점차 변화가 생기기 시작했다. 《조선

---

[*] 박길룡, "생활의 과학화에 대하야", 《동아일보》 1935년 4월 19일자 4면.

일보》에서는 남녀 평등이 필요함을 이렇게 언급한다.[•]

> 오늘날의 조선부인들은 하여야 할 일이 하도 만흐니 일을테면
> 녀성으로서 남자에게 평등권리를 가지자고 벗서야 하겠다든지
> …
> 그의 집 뜰 안에서 안방에서 부엌에서 혹은 사랑방에서 누구나
> 또 언제나 늘 하는 일에서 그 운명이 결단되는 일이 여간 만치 않
> 습니다. 알기 쉽게 말하자면 먹고 입고 자고를 가지고 사람 대하
> 고 아희들 길르고 또 가르치고 하는 데서 우수은 듯한 그러한 일
> 에서 실상은 한집안 한나라의 운명이 결명되는 것이 여간이 아
> 닙니다.

위 글은 여성이 왜 생활개선을 외쳐야 하는지 논하고 있다.
한 집안에서 한 나라의 운명이 결정된다고 본 것이다. 또한, 여성
의 사회적 지위 변화에는 '신여성'의 등장도 어느 정도 영향을 미
쳤다. 이러한 사회 변화 과정에서 농민운동가 이성환은 가정 내 생
활 방식 개선을 주장한다.[‡]

> 한집에 잇는 가족들이 서로 한자리에 모혀 안는 버릇을 지어야
> 되겠습니다. 적어도 가뎡생활을 사회화 식히는 의미에서 한가뎡

• "생활개선운동은 먼저 일천만 녀성부터",《조선일보》1929년 5월 16일자 3면.
‡ 이성환, "농촌생활의 개신(1)",《조선일보》1929년 5월 16일자 3면.

에서는 그 가족들이 자조자조 한 자리에 모혀안는 버릇을 지어 가야 될 것이라고 생각합니다.

즉, 남성 중심 생활에서 가족 중심 생활로 나아가야 한다는 뜻이다. 이는 여성의 지위 향상과 맞물려 아동을 소중히 여겨야 한다는 인식으로까지 확대된다.

이처럼 일제강점기의 생활개선 운동은 전통적인 남성 중심에서 벗어나 여성과 아동까지 포용한 가족 중심으로 변화해 갔고, 위생 개념과 과학 지식을 기반으로 의식주 전반에 걸친 합리적인 개선을 도모했다.

근대적 삶을 담고자 했던 주택개량 운동

앞에서 살펴본 여러 논의와 주장을 바탕으로 1920년대 말부터 점차 생활개선 운동이 전개되기 시작한다. 1929년 《조선일보》에 실린 생활개신改新 운동 포스터는 '조선 사람아, 새로 살자'라는 슬로건과 '색의色衣 단발 운동, 건강 증진 운동, 상식 보급 운동, 허례 폐지 운동, 소비 절약 운동'이란 구체적인 표어를 내걸고 이를 실천할 것을 독려했다.

《조선일보》에 실린 생활개신 운동 포스터

한편, 각 분야 지식인들은 의식주 생활 운동 중에서 '주'를 가장 중요한 과제로 보고 주목했다. 1930년부터는 근대 건축 교육을 받은 조선인 건축가가 등장해, 주생활 운동은 심도 있게 전개된다.

주택은 단순히 물리적인 공간과 형태를 의미하지 않는다. 그 안에는 사회와 문화 전반의 흐름이 담겨 있다. 그렇기에 당대 건축가들의 주장 역시 매우 복합적인 시각에서 해석해야 한다. 시대 상황을 고려하지 않으면 자칫 편협한 주장으로 오독할 수도 있기 때문이다.

1910년대 무단통치 기간을 거치며 위축되었던 주택개량 논의는 1920년대부터 시작된 소위 문화통치와 함께 새로운 전기를 맞는다. 각종 신문·잡지의 발간과 함께 주택개량 논의가 봇물을 이룬다. 이때의 담론을 '주거개량론'이라 할 수 있다.

재래주택의 문제점은?

재래주택에 대한 비판은 개화 초기부터 부단히 제기되었고, 지식인들이 생활개선을 촉구하면서 주택개량을 향한 관심도 점증했다. 1920년대 초반 신문과 잡지에는 재래주택에 대한 거센 비판이 실렸다.

박달성은 《개벽》에 게재한 "우리는 영원히 왜옥矮屋을 못 면할 것인가"에서 "루陋하고 협狹한 왜옥 음하고 침沈한 착실窄室"이라고 조선의 가옥에 대한 인상을 언급하며 모두 때려 부수고 싶다고 울분을 토했다.

홍석후는 재래주택에서 가장 문제가 되는 부분으로 불결한 행랑방과 방문객에게 노출된 부엌, 수채, 뒷간을 꼽았다. 그는 이런 곳이 보기에도 좋지 않고 위생적으로도 부적절하다고 지적했다.

김유방도 일찍이 재래주택에서 부엌이 가장 큰 결함이 있는 장소라고 주장했다. 그가 1923년에《개벽》에 연재했던 "문화생활과 주택"이라는 글을 보자.

우리 건축의 가장 결함을 가진 것은 부엌입니다. 경성주택은 부엌을 가장 눈에 띄이기 쉬운 곳에다 두고 가장 더러운 빗이 나타나리 만큼 하여둡니다.

그는 계속해서 문제점을 지적한다.

우리 주택이 현대 생활을 경영하는 우리들에게 얼마 만한 불편을 주는지 그 단소短所를 생각하여 보자면 우리 주택은 풍기와 도덕을 근본으로 한 까닭에 전부 향랑鄕廊과 청간聽間에 싸여 잇슴은 실로 외형미에 중대한 관계가 업다 할 수 업겟습니다. 남녀의 별別이라는 것을 존중하여 일 주택 내에 내실 외실을 구별하랴 가정의 정미를 한산케 하며 경제 문제에도 중대한 관계가 업지 안흘 뿐 아니라, 야간 혹은 설우雪雨 중에 내외실 출입은 불편을 주며…

특히 과거 유교 정신의 영향으로, 남녀 공간을 구분해 따로 마련했기에 날씨가 궂을 때 출입이 불편함을 지적했고, 재래주택의 혼성적 공간 이용에도 문제를 제기했다. 그는 하나의 공간을 여러 용도로 사용하는 것에 부정적인 견해를 보였다.

또한 우리 주택의 큰 단점은 침실이 식당도 되고 식당이 객실도 되며 어떠한 경우에는 침구 가튼 것이 실내를 장식하는 자랑거리가 되어…

이런 문제의식을 바탕으로 점차 주택에서 기능별로 공간을 나누고 별도로 통로를 확보하자는 주장이 나온다. 특히, 박달성은 재래주택의 개량 방향을 다음과 같이 제안했다.

'부모형제와 단란키 위하야 간과 간을 별치할 것'
'각 실과 서실, 침실을 별치할 것'
'뜰을 널리 하고 대문을 크게 할 것'
'고간庫間을 멀리하고 뒷간을 멀리할 것'

가족 간의 단란한 생활을 위해 별도 공간을 두고, 손님을 위한 객실과 독서를 위한 서실, 그리고 잠을 자는 침실을 모두 따로 쓰는 것이 바람직하다는 것이다. 기존의 혼성적 공간 사용 방식에서 벗어나 한 공간이 한 가지 역할만 하는 기능적 사용 방식으로 점차 방향이 잡히고 있음을 알 수 있다. 이러한 독립적 공간 활용

경향에 발맞춰 건축가 박길룡은 '낭하(행랑, 복도)'를 만들자고 주장했다. 당시 《신가정》에 실린 "주택문제 좌담회"의 일부분을 살펴보자.

> "먼저 거리를 단축시킬 필요가 있다고 생각하는 데서 낭하 같은 것을 맨들면 좋겠고 그 낭하를 통해서 각처에 도달할 수 있게 조직을 하면 보온에도 유리할 것 같습니다. 그리고 그 낭하 밑을 지하실로 맨드러서 부엌을 통하여 그 지하실로 드러갈 수 있게 하야 그곳에서 군불을 때게 하고 부엌 안은 완전히 취사용으로 한다면 좋을 것 같습니다."

방에서 방으로 이동하기 위해 통로를 만들 것을 제안하며, 그 하부에 아궁이를 설치하고 관리할 수 있도록 개량하는 방식을 언급하고 있다. 그의 주장에 이만학도 다음과 같이 동조한다.

> "방과 방 사이에 복도가 있으므로 다니기도 편하고 방문을 열어도 직접 찬 공기가 드러오지 않으니까 감기 같은 것도 안 걸리고 좋습니다."

• "주택문제 좌담회", 《신가정》 제4권 1호, 1936.1. 연희전문 수물과 강사 이만학, 건축가 박길룡, 협성여신 교수 고황경, 동덕여고 교원 송금선, 여자고보 교원 손정규가 참여하여 주택문제에 대해 좌담회를 열었다.

달리 말하면, 낭하를 만들자는 것은 재래주택 툇마루에 바깥 공기를 막는 유리문을 달아 내부화하고 방과 방 사이 이동 공간으로 활용하자는 주장이다. 점차 주거 공간에 필요한 기능이 분화되고 통로가 발달했음을 알 수 있다.

정리해 보면, 지식인들은 위생적인 면에서 부엌과 변소 개선이 급선무고, 생활 양식의 변화에 따라 행랑방이나 부엌 등의 위치를 바꿔야 한다고 보았다. 또 남성 중심에서 여성과 아동까지 포함한 가족 중심으로, 그리고 공간의 혼성적 이용보다는 각 실의 프라이버시를 고려해 기능적으로 활용해야 한다고 주장했다.

그리고 이동 공간으로서 통로의 필요성도 인식하기에 이른다. 문화적 의미까지 고려해 근대적인 방식으로 개선해야 한다는 주장도 나왔다. 비로소 재래주택에 대한 구체적인 개선 방안이 나오기 시작한 것이다.

문화주택의 등장

생활개선과 주택개량에 대한 논쟁이 활발한 가운데 자연스럽게 문화주택이 재래주택의 대안으로 대두되었다. 일찍부터 문화주택의 필요성을 주장했던 지식인으로 앞서 잠시 언급했던 김유방이 있다. 그는 평양 출신 화가로, 도쿄미술학교를 나와 문인으로서도 활약했다. 그의 글 "문화생활과 주택"을 다시 보자.

근래 우리 조선사회에서도 문화생활이라는 말을 흔히 듯습니다. 이는 우리가 다 아는 바와 갓히 지나간 시대에 처하얏든 이태백이나 혹은 도연명을 부활식히자는 것은 결코 안이겟습니다. 그 럿타고 우리는 오직 과학정신 그것뿐이 현재 우리가 요구할 문화생활로 오해하면 또한 안이 되겠습니다.

김유방은 문화생활이 이태백이나 도연명이 활약하던 과거로 회귀하는 것이 아니고, 그렇다고 기능적인 과학 정신만을 추구하는 것도 그 본질이 아니라고 주장했다. 이어 자신이 생각하는 문화생활의 방향을 설명한다.

동시에 우리의 생활 대부분은 거이 구미인 그들의 생활을 본바드려 하는 경향이 니러난 지 임이 오랫다. 우리 재래 생활의 단소短所를 제거하고 우리의 힘이 밋는 한에서 피구미인彼歐米人의 생활의 장소長所를 취하야 이로써 합치하야 우리의 새로운 생활의 배경을 지으려는 것이 그 목적입니다.

당시 조선인들의 생활 속에는 이미 서구 문화가 어느 정도 들어와 자리잡고 있었다. 그러므로 김유방은 조선의 재래 생활을 기본으로 삼되, 서구 생활 방식의 좋은 점은 수용하여 문화생활로 나아가자고 주장했다. 그는 필요에 따라 서구인들의 합리적인 방식을 받아들여야 한다고 생각하고 있었다.

생활의 여유가 많은 사치한 양반들은 집웅이 뾰족한 위지삼층양옥謂之三層洋屋에도 거처하는 등 … 헤이기 어려우리만큼 만은 변천은 우리의 생활 가운데로 침입한 것은 사실일 수밧게 업겟슴니다. '의식주'를 어떠한 정도까지 본바다 우리 자신과 그 생활을 타협식히려 하는 노력일수밧게 업슴니다.

1923년, 김유방은《개벽》에서 근대 사조와 소주택의 경향을 다룬다. 조선에서도 문화생활을 영위하기 위한 주택을 모색해야 하고 서구인들은 작은 주택을 선호한다고 언급하며, 그들이 즐겨 사용하는 '카티지cottage'와 '콜로니얼 하우스colonial house' 그리고 '방갈로bungalow'를 소개한다. 이어 "우리가 선택할 소주택"이라는 글에서 조선의 문화주택으로는 방갈로가 적합한 형식이라고 주장한다.

　　그가 선보인 방갈로 스타일 소주택 외관과 평면도 스케치는 대중에게 큰 영향을 끼쳤다. 그때까지만 해도 주택 각부 공간의 부족한 부분에 대한 논의는 많았지만, 전체 외관을 포함한 구체적인 변화의 방향성은 아직 나오지 않았고, 많은 이가 이에 대해 고민하고 있었기 때문이다. 김유방이 제안한 내용을 좀 더 구체적으로 살펴보자.

　　그는 직접 스케치한 두 가지 소주택 안을 내놓는다. 문화생활에 적합한 27평형과 24평형 방갈로식 모델이다.

　　27평형에는 포치porch(현관)가 있고, 마루 대신 생활실을 두었으며, 생활실과 연결되는 부부용 침실을 제외한 각 방은 모두 홀에서 출입하게 해 독립성을 높였다. 침실 겸 소아실로 표기된 방은 온돌 구조고, 주방 뒤쪽으로 화장실을 배치했다.

　　한편, 24평형에서도 거실이 서재 겸 침실과 분리되고 이 두 공간이 베란다로 연결되어 있다. 각 침실에는 반침(큰 방에 딸린 작은 방)이 계획되었고 서재에는 벽난로를 배치했다. 이 경우도 홀이

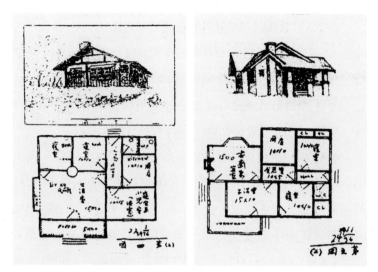

김유방의 주택 모델 외관과 평면도
왼쪽은 27평형, 오른쪽은 24평형 모델이다.

뒷문과 연결되며, 화장실이 내부에 있었다.*

　　두 계획안 모두 거실, 생활실을 집 중심에 배치하고 가족 구
성원의 동선에 집중해 단란한 생활을 할 수 있도록 배려한 점이 새
롭다. 그림에서 보듯, 입면은 서구적 외관을 수용하되 지붕을 박공
으로 처리하고 처마를 길게 하여 우리 고유의 정서까지 고려했다
고 볼 수 있다. 재래주택의 문제점을 개선하기 위해 그동안 제기되
었던 의견들을 정리하여 근대화된 이상적 주거 모형을 염두에 두
고 발표한 것이다.

---

* 임창복, "일제시대 주택건축의 경향 고찰", 『대한건축학회지』 33권 제2호, p.55.

1929년, 일제는 경복궁에서 조선박람회를 개최한다. 행사장에는 세 채의 문화주택 모델하우스가 전시되었고 이는 당시 대중이 크게 관심을 갖는 계기가 되었다. 그러나 이때 진열된 문화주택은 대부분 한반도에 거주하는 일본인을 위한 주택이었다. 그러다 보니 일부 일본 지식인들이 이에 대해 비판하기도 했다.

전시회가 끝난 후 일본의 사업가 히라야마 마사쥬平山政十, 1880-1958는 조선건축회 기관지*에 근대 문화주택에 대한 조선 사회의 열기가 뜨거워 경성에서 새로운 양식의 주택이 대단한 기세로 세워지고 있다고 썼다. 그러나 박람회에 출품된 주택들이 주로 유산계급인 일본인을 위한 형태에 머물고 있음을 지적하며, 조선에 맞는 문화주택의 표준형을 모색해야 한다고 주장했다.

이 글을 통해 당대 건축가들은 조선인을 위한 새로운 주택 개선 방향과 노력이 필요함을 자각하게 된다. 결국 중정형 재래주택에서 벗어난 '집중형' 주택 계획 개념이 정착하고, 서구풍 외관이 본격적으로 소개되기 시작한다. 당대 유명 건축가 박길룡과 박동진*도 일찍이 방갈로 같은 집중식 평면의 필요성을 주장했다. 홑집인 중정식 평면으로는 생활의 합리성을 추구하는 데 한계가 있음을 간파한 것이다.

---

* 히라야마 마사쥬, "건축회의 출품주택을 보고", 《조선과 건축》 제8집 제10호, 1929.10. p.29-30.
‡ 박동진1899-1980. 1926년 경성고등공업학교를 졸업하고 1938년까지 총독부 건축과에 근무하다가 이후 건설회사를 경영했다. 학교 건축을 많이 했으며, 대표작으로 고려대학교 본관이 있다.

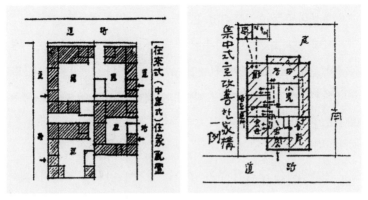

홑집으로 마당을 둘러싼 중정식 평면(왼쪽)과 겹집으로 된 집중식 평면(오른쪽)
건축가들은 주택이 중정식보다는 집중식으로 개선되어야 한다고 주장했다.

이후 주요 공간은 남쪽을 면하게, 보조 공간은 북쪽을 면하게 배치하는 '겹집'이 문화주택의 기본 형식으로 차츰 자리잡게 된다. 이때 건축가들은 단순한 매스mass를 택했는데, 경제적인 이유도 있었지만, 단순한 사각형 방갈로를 이상적인 문화주택이라고 했던 김유방의 주장도 큰 영향을 끼쳤다.

일제강점기에 입식 생활이 가능하고 위생 설비까지 갖춘 주택에서 살 수 있는 사람은 상류 지배 계층뿐이었다. 이들은 서양 음악을 '음악'으로 여겼고 양복을 우리 '의복'이라 생각했으며 서구적 외관을 지닌 것을 자연스럽게 '문화주택'으로 받아들였다. 여기에는 서구적 이미지를 차용해 주택의 차별성을 확보하려는 심리도 작용했을 것이다. 소위 '빨갛고 파란 지붕의 2층 양옥'에 파고라와 벽난로, 피아노가 있는 풍경이 바로 좋은 문화주택임을 넌지시 보여주는 요소들이었다.

이렇듯 문화주택이 이층집이 되다 보니 자연히 재료도 새로워져야 했다. 소위 '오카베大壁집(샛기둥stud 양면을 판자로 막아 기둥이 외부에 드러나지 않는 목구조 집)'도 있었으나, 이국적 느낌을 주는 벽돌조가 많이 채택되었다.[•]

문화주택은 우리의 주거 문화를 일거에 바꾸어 놓았다. 개화기의 서양식 주택이나 한양韓洋 절충식 선교사 주택을 보면서 사람들은 서구식 삶을 동경했다. 일본인들이 주거 근대화를 위해 서구모델을 차용한 것을 보면서, 한반도의 조선인 상류층은 서구식 문화주택을 더없이 좋은 고급 주택으로 인식했다. 물론 초기에는 분명 한계가 존재했다. 중간계층에 속하는 조선인이 적었기에 문화주택의 개념이 좀 더 구체화되지도, 폭넓게 수용되지도 못한 점은 아쉬운 부분이다.

그러나 점차 사람들은 건축가 박길룡이 언급했듯이 "우리의 유구한 생활을 수용하는 재래형식을 토대로 하되 토착적 재료와 과학적 구법을 수단으로 하여 현대의 생활을 수용하는 용기"[‡]가 우리 문화주택이라고 인식하기 시작했다.

이러한 꿈이 사회에 널리 퍼져갈 즈음 지어진 집이 바로 심훈의 필경사다. 필경사는 서양식도 일본식도 아니며 그렇다고 재래

• 임창복, 『한국의 주택, 그 유형과 변천사』, 돌베개, 2011, p.296.
‡ 박길룡, "유행성의 소위 문화주택(3)", 《조선일보》1930년 9월 21일자.

식도 아닌, '이상적이고 새로운 신주택'이 당대 문화주택 사조를
만나 탄생한, 우리 사회의 꿈이 집약된 집이었다.

심훈은 문화주택을 어떻게 생각했을까

그렇다면 주택개량과 문화주택에 대한 심훈의 시각은 어땠을까?

그의 시와 소설에는 집과 관련된 부분이 있고, 또 그의 동료
이자 친구였던 안석주가 그려낸 만문만화漫文漫畫(한 컷의 그림에 짧
은 글이 결합된 형식의 만화)의 내용을 보면 문화주택에 대한 그의 인
식을 어느 정도 유추해 볼 수 있다.

우선 심훈이 1932년에 지은 시「고향은 그리워도」의 한 구절
을 보자. 귀향을 고민하던 중에 자신이 태어나고 자란 흑석동 생가
를 방문하며 지은 시로 보인다.

나는 내 고향에 가지를 않소.
쫓겨난 지가 십 년이나 되건만
한 번도 발을 들여 놓지 않았소.
멀기만 한가, 고개 하나 너머련만
오라는 사람도 없거니와 무얼 보러 가겠소?

개나리 울타리에 꽃 피던 뒷동산은

허리가 잘려 문화주택이 서고

사당 헐린 자리엔 신사가 들어앉았다니,

전하는 말만 들어도 기가 막히는데

내 발로 걸어가서 눈꼴이 틀려 어찌 보겠소?

(1932.10.06.)

공교롭게도 고향 집 사당에 신사가 들어오고 주변에 문화주택까지 들어온 변화에 크게 실망하고 불만을 표한다. 경성 외곽 흑석동이 변화하는 데 문화주택이 첨병尖兵 노릇을 한 모양이다. 박람회장에 전시되었던 일본식 문화주택과 유사했으리라 추측하며, 심훈은 이에 대해 그리 호의적인 시각은 아니었던 것 같다.

「상록수」에도 문화주택 이야기가 나온다. 2장에서 살펴본 백선생의 집이다. 그 집을 방문한 동혁은 다음과 같이 생각한다.

그가 여류 웅변가요, 음악도 잘한다는 말은 들었지만 그 집에 피아노까지 있을 줄은 몰랐고, 독신으로 지내는 여자가 이러한 (서까래까지 뺑끼칠을 한 네 귀가 번쩍 들린 지붕의) 문화주택을 짓고 지낼 줄은 더구나 상상 밖이었다.(37쪽)

이 부분을 볼 때, 작가는 주인공을 통해 과시적으로 지은 한옥에 대해 그리 긍정적이지만은 않은 인식을 드러낸다. 어쨌든 당시 문화주택은 사회 곳곳에서 큰 호응을 얻었고, 유행에 민감한 모던 걸이나 모던 보이에게는 더없이 좋은 이상적인 집으로 자리잡고 있었다.

「상록수」를 집필하기 훨씬 전인 1926년 《동아일보》에 게재된 심훈의 영화소설 「탈춤」에는 "넥타이 맵시 있게 매는 미국 유학생, 연분홍 벽돌의 문화주택, 피아노와 같은 간지러운 공상"이 여성의 마음속에 꼼지락거린다고 묘사하고 있다. 작가는 오래전부터 문화주택을 눈여겨보았으며 이 주택이 여성의 심리를 흔들어 놓을 정도로 인기가 높다는 것도 인식하고 있었다.

한편 「상록수」에서는 문화생활을 다음과 같이 묘사한다.

기만이는 영신이가 초면이었건만 M대학 정경과의 졸업논문을 쓰다가, 신경쇠약에 걸려서 나왔다는 것과 별안간 궁벽한 이 시골서 지내려니 갑갑해서 죽겠다는 것과, 그러나 이러한 동지들이 있어서 함께 일을 하니까 여간 의미 깊은 생활이 아니라고, 일본말 조선말 반죽으로 건배의 다음 결(순서)은 갈 만큼 씩둑꺽둑 늘어놓는다.

…

기만은 안 보는 체하면서도 영신의 아래위를 훑어보더니
"심심한데 우리 집으로 놀러 가시지요."
하면서 동혁을 돌아다보고

…

그는 영신이가 먼 데 찾아온 귀한 손님이라고 대접을 하려는 것
보다도, 몸이 비비 틀리도록 심심한 판에 동리에 처음으로 떠들
어 온 신여성을 불러놓고 하루 저녁 소견이나 하고 싶은 눈치다.
제가 거처하는 작은 사랑채를 말끔 중창을 하고 유리를 붙이고
실내를 동경東京 같은 데의 찻집을 본따서, 모던으로 꾸며놓은 것
과, 또는 새로 사온 유성기를 틀면서 '이 시골 구석에도 이만큼
문화생활을 하는 사람이 있다'는 것을 자랑하려는 듯.(103쪽)

문화생활을 하는 '기만'이라는 인물을 소개하고, 문화생활을
하려면 유리 창호로 모던하게 꾸민 공간과 유성기 정도는 있어야
한다고 넌지시 암시한다. 그러나 이런 묘사들이 그다지 호의적으
로 느껴지지는 않는다. 이렇듯, 「상록수」에는 문화주택과 문화생
활에 대한 작가의 다소 냉소적인 시각이 배어 있다.

심훈과 가장 가까웠던 동료 안석주*의 만문만화에 묘사된 문
화주택도 살펴보자. 이는 당시 사회 풍조를 이해하는 데 큰 도움이
된다.

젊은 여성의 마음은 연애와 결혼 시장에서 매우 중요하다. 당
시에는 신여성이 결혼 상대를 고를 때 사랑보다는 경제력을 더 우
선시하는 사회 분위기가 있었던 듯하다. 이런 사회상을 희화화한

---

* 안석주1901~1950. 심훈과 가장 가까웠던 동료. 극문회, 카프 등 각종 조직에서 함께 활동하고
동아일보사에서 '철필구락부 사건'으로 함께 퇴사한다. 심훈의 영화 〈먼동이 틀 때〉의 미술
감독도 맡았다.

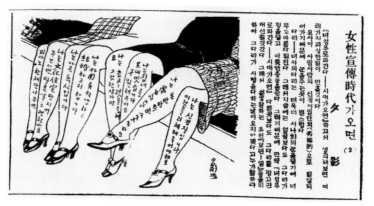

《조선일보》에 실린 만문만화 〈여성선전시대가 오면〉
다리에 적힌 문구는 '신여성'의 생활 의식을 잘 보여 준다.

작품이 바로 〈여성선전시대가 오면〉이다.

> 나는 신경질입니다. 이것을 리해해 주어야 해요.
> 나는 처녀입니다. 돈만 만흐면 누구나 조하요.
> 나는 집세를 못 내엿습니다. 구원해 주어요.
> 나는 쵸코-렛을 조아해요. 그것 한 상자만
> 나는 외국 류학생하고 결혼하고저 합니다.
> 나는 아즉 독신입니다.
> 나는 문화주택만 지여주는 이면 일흔 살도 괜찮아요.
> 피아노 한 채만 사주면.

모던 걸이 내건 광고 문구에는 어느 정도 남성 중심적 시각이

묻어 있지만, 당시 상품화된 연애결혼 풍속도를 실감 나게 보여 준다.' "나는 문화주택만 지여주는 이면 일혼 살도 괜찮아요."라는 마지막 문장은 당시 문화주택에 대한 사회적 로망을 단적으로 보여 주는 예시로 볼 수 있다.

이어지는 작품에서 서구나 일본으로 유학을 다녀온 이들의 어설픈 문화 행태에 대한 비판은 지극히 당연한지도 모른다. 특히 서구식 문화주택에 이르면 논조는 매우 날카로워진다. 앞서 밝힌 것처럼 서양식 문화주택은 전통가옥과 달리 주로 이층집이었는데, 결혼을 앞둔 '얼치기' 유학파들 사이에서는 '스위트 홈'이 반드시 '양옥주택'이어야 한다는 생각이 지배적이었다. 1930년 초겨울에 《조선일보》에 실린 만문만화 〈1931년이 오면〉은 이런 세태를 해학적으로 표현하고 있다.

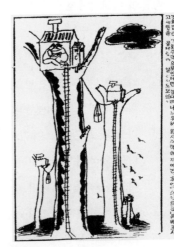
만문만화 〈1931년이 오면〉

"돈만히 처들이고 서양 외양 간 가티 지여도 이층집이면 조하하는" 고로, "놉흔 집만 문화주택으로 안다면 나무 우

• 신명직, 『모던뽀이, 경성을 거닐다』, 현실문화연구, 2003. p.201-202.

혜 원시주택을 지여논 후에 '스위트 홈'을 베프시"라고 한다. 높
다란 나무 사이엔 도로래가 설치되어 있고, 나무 꼭대기 집까진
줄사다리가 걸려 있다. 문화주택의 신혼부부에게 집을 빼앗긴
새떼가 다른 곳을 찾아 날아가고 있다.[*]

정리하면, 서양식 이층집을 동경한
나머지, 높게만 지으면 좋다고 생각하며
나무 꼭대기에 집을 지어 놓고 '스위트
홈'이라 하겠다고 풍자한 것이다. 그런가
하면 문화주택이 점차 사회적 이질감을
심화하는 세태를 염려하는 작품도 나왔
다. 1933년《조선일보》에 실린〈구옥鳩屋
의 동몽冬夢〉이다.

창문이 뚜러저도, 백지 한장 살 돈이
없고, 신문지 한장 어들 길이 업서, 화
통을 한 창문을 두고 겨울을 맛는 사람
도 잇지만 개와집도 부족하고 편리치
안타고 양옥을 짓고 사는 사람이 만케
되엿다. 모든 문화에 뒤떠러진 이웃 사

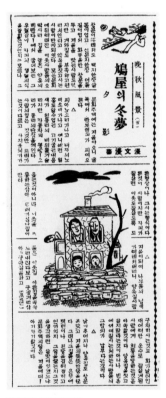

만문만화〈구옥의 동몽〉

---

[*] 신명직,『모던뽀이, 경성을 거닐다』, 현실문화연구, 2003, p.178.

람들의 오막사리 집을 높흔 양옥의 베란다에서 굽어보는 그 우월감이 자긔의 생활의식을 높히는 것인지는 모르나, 그 문화주택에는 겨울이 오니 굴둑에서 란로연긔가 피여 오른다. …

겨울이 되어 나무들의 닙새가 떠러저 버리니 양옥집 사람들은 이웃집 야튼집을 속속드리 내려다 보고, 구경거리삼아 손구락질을 하고, 깔깔댄다. 구차히 사는 것도 화가 날터인데, 어떠한 운수로 잘살게 된 사람에게 희롱을 당하는 것은 야속할 것이다. 양옥집을 짓고 살지 말라는 것이 아니나, 빈촌에 끼여 잘사는 체하는 사람들의 그 맘씨가 납부다는 것이다.[*]

결국 문화주택은 경성 내 계층 구조를 고착화하는 데 큰 역할을 하고 있었다. 안석주의 만문만화와 당대 논평으로 보아 심훈도 비슷한 생각을 했으리라. 허영심에 끌려 제도권 금융에 의존하며 문화주택을 짓다 보니 제때 이자를 갚지 못해 차압 당하는 사례도 있고, 지나치게 서구적 평면만 따르다 보니 한반도 문화와 환경에 맞지 않아 생활이 불편한 경우 등 많은 문제가 있음에 서로 공감했으리라.

그러나 문화주택은 생활을 개선하자는 인식에서, 특히 재래주택의 불편한 점을 개선하자는 주장에서 시작되었다. 그러니 심훈이 '문화주택' 그 자체를 전면 부정하지는 않았을 것 같다. 특히

• 신명직, 『모던뽀이, 경성을 거닐다』, 현실문화연구, 2003, p.268.

그는 아래와 같은 주장에 공감하지 않았을까? 1929년 잡지《별건 곤》에 실린 "대경성大京城의 특수촌特殊村"의 일부다.

> 그러나 문화생활이라고 반듯이 양옥을 짓고 말한 것 가튼 그러 한 생활이 문화생활이라고만 할 수는 업다. 한간 초옥에 드러 안 젓드라도 조선 재래의 가족제도에서 버서나 꽛밥에 된장을 쩌서 먹드라도 자미잇고 화락한 생활을 하는 것을 문화생활이라고 하 기에 넉넉하다.

심훈은 빨간 벽돌집, 파란 시멘트집, 노란 석탄집, 가지각색의 2층 양옥, 혹은 네 귀를 잠자리 날개처럼 반짝 치켜올리고 '와네 쓰' 기름을 반들반들 먹인 호화로운 기와집만이 우리가 택해야 할 문화주택이라고 생각하지는 않았다. 재래식에서 벗어나 새롭고 편 리한 생활을 담을 수 있는 주택을 지향했을 것이다.

박길룡이 신문에서 주장했듯이 심훈은 서구 모델, 일본 모델, 우리 전통주택 중 무엇을 따르든 문화생활을 하려면 과거에만 머 물러서는 안 된다는 의견에 공감했을 것 같다. 이러한 시대 상황에 서 현실 참여적인 행동파를 지향했던 그가 건축한 필경사는 작게 는 개인의 농촌 생활에 필요한 공간과 형태였겠지만, 넓게 보면 당 대 문화주택 논쟁과 연계하여 많은 의미를 내포한 의미 있는 결과 물일 것이다.

제4장

건축가의 눈으로 필경사를 다시 해석하다

심훈은 기능적이고
과학적인 문화주택 모형을 추구했다.
그는 과거의 인습에서 벗어나
새 감각으로 나아가려는 현대 건축을
누구보다 잘 이해하고 있었다.

20평 초가집, 필경사

필경사의 집터는 약 200평이다.* 집의 형태를 보면 정면 5칸, 측면 2칸짜리 초가집이다. 한 칸은 가로세로 2.5미터 정도로, 이 수치를 칸수에 적용하면 정면은 약 12.5미터, 측면은 5미터다. 따라서 필경사의 기본 건축 규모는 10개의 모듈, 약 62.5제곱미터(18.94평)다.

여기에 더해, 서재에 마련된 돌출 벽장이 1.02제곱미터(0.31평), 부엌과 연결된 돌출 공간이 1.72제곱미터(0.52평) 정도 되어 전체 건축면적은 65.24제곱미터(19.77평)다. 여기에 1개 모듈로 된 6.25제곱미터(1.89평)짜리 다락이 있어, 연면적(건축물에서 각 층 바닥면적의 합계)은 71.49제곱미터(21.66평)다.

집 구조를 살펴보면 기초는 자연 초석을 이용했고, 가로세로

---

* 심재호, 『심훈을 찾아서』, 문화의힘, 2016, p.251-253.

12센티미터짜리 사각 목재 기둥을 세워 기본 틀을 갖췄다. 그 위에 대들보와 서까래를 이용하여 오량五梁 지붕을 얹고 진흙으로 물매(수평을 기준으로 한 경사도)를 잡은 후, 초가를 입힌 구조로 볼 수 있다.

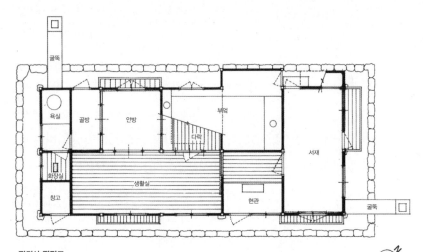

필경사 평면도
정면 5칸에 측면 2칸으로, 한 칸이 6.25제곱미터인 정방형 모듈 10개로 이루어져 있다.

(위)남쪽에서 본 **필경사** 측면이 2칸인 겹집임을 알 수 있다.
(아래)남동쪽에서 바라본 **필경사 정면** 정면에서 보면 5칸짜리 초가집으로, 담과 대문 없이 그대로 외부에 드러나 있으나 당당한 자태를 보이고 있다.

필경사 내부 자세히 들여다보기

담과 대문이 없는 집

담과 대문은 집의 경계를 결정하고 외부 침입자로부터 안전하게 보호해 주는 건축 요소로, 오래전부터 생활 영역을 구분하는 필수적인 부분이었다.

이런 경계를 만드는 방법은 시대와 지역, 문화권에 따라 다양하다. 우리나라에서는 예부터 주택의 몸체인 건물과 별개로 담과 대문을 마련하는 게 일반적이었다. 초가집이든 기와집이든, 대부분 건물과 거리를 두고 대지 경계부에 담과 대문을 두었다.

자료에 의하면 최초의 필경사 부지는 661제곱미터(200.3평) 정도였다. 건물과 떨어진 담을 세우기에 충분한 규모다. 그런데 지금 필경사에 가 보면 담과 대문이 없다. 과연 처음부터 그랬을까? 조금 의아하기도 하고, 한편으로는 소실된 것이 아닌가 지레짐작하게 된다.

초기 필경사 모습
필경사는 초창기부터 담과 대문이 따로 없었다. 1950년대 사진.

이를 확인하고자 우선 필경사 초기 사진을 찾아보았다. 건물 양쪽 측면에 제법 큰 나무들이 보이지만 정면으로는 트여 있다. 담이나 대문은 보이지 않는다. 추가로 확인하기 위해 심재영 고택에서 나고 자란 심천보 선생의 어릴 적 이야기를 들어 보았다. 필경사와 심재영 고택은 그리 멀지 않은 거리에 이웃하고 있으니 그의 기억 속엔 필경사의 옛 모습이 남아 있지 않을까?

"초등학교 갈 즈음 처음 가 본 기억이 있는데, 제 기억에 그때도 필경사에는 담과 대문이 없었습니다."

앞서 본 사진대로, 심천보 선생은 필경사에 처음부터 담과 대문이 없었다고 증언했다. 지금으로서는 담과 대문이 없어도 크게 어색하지 않지만, 당시로서는 상당히 큰 변화였다. 예부터 전통 한옥에서는 담과 대문도 집의 일부로 봤다. 그 공간과 형식에서 담과 대문을 떼어 놓고 생각하기 어려울 정도였다. 각부 공간이 담과 대문과 어우러지는 구조였기 때문이다. 아주 외딴 시골 초가집에도 담장을 두르고 작은 대문으로 경계를 정해 두는 게 전통 방식이었다. 그런데 심훈은 갑자기 담과 대문 없는 집을 지은 것이다.

이는 개화기 이래 변화했던 당시 주거 문화와 관련 있다. 개항 이후, 점차 외국인들이 한반도에 들어와 살면서 서양식 주택이 지어졌고 사람들은 담과 대문 없는 집을 접하게 되었다. 이런 서양식 주택뿐만 아니라 일본식 주택도 적지 않은 영향을 주었다.

서울·청주·대구·광주·목포 등 전국 각지에 서양식 방갈로 스타일로 지어진 선교사 주택들을 보며 사람들은 담과 대문이 없는 형식에 차차 익숙해졌다. 대문이 없는 나가야長屋(일본식 연립주택 또는 다세대 주택의 일종)나 마치야町屋(도로에 면하게 지어진 일본의 전통적인 점포주택) 같은 일본식 주택들도 담과 대문의 근본적 용도를 고민하는 계기가 되었을 것이다.

1920년대부터 1930년대 사이에 생활개선 운동이 전개되고 문화주택에 대한 관심이 확산하면서 새로운 집 구조에 대한 관심도 높아졌다. 앞서 살펴본 것처럼 김유방은 잡지《개벽》에서 우리 주택을 가족 중심적으로 개선하려면 서양의 카티지(소주택)나 방갈로 형식이 적합하다고 주장했다. 이는 건축가 박길룡과 박동진 등이 홑집에서 겹집으로의 변화를 주장한 것과도 일치하며, 사람들의 큰 호응을 받았다.

바로 이런 시기에 심훈은 농촌으로 내려가 당진 부곡리에 '문화생활을 할 수 있고, 담과 대문이 없는 겹집 농가 주택'을 지은 것이다. 여기서 필경사의 독특한 가치가 드러난다. 필경사는 집중식 평면 형태, 즉 겹집으로 지어졌다. 전통적인 홑집 초가집과는 크게 다르다.

앞서 많은 방문객이 필경사를 다녀가며 일본식 주택의 영향을 받지 않았냐고 묻는다고 했는데, 이는 초가집이지만 담과 대문이 없고 외부에서 마루가 보이지 않기 때문이다. 낙후된 농촌주택을 개선하려는 노력의 결과물인 겹집 형태를 일본식이라고 해서는 안 될 일이다. 이는 일제강점기에 우리 지식인들이 자주적인 근대화를 도모하고 생활 환경을 개선하고자 했다는 사실을 몰라서 생긴 편견이다.

심훈은 오랜 시간 전통적으로 내려온 담과 대문도 근대식 생활을 전제로 할 때는 구태여 필요하지 않다고 생각했다. 게다가 담과 대문은 건축비와도 관계가 있다. 담장을 두르려면 추가 비용이 든다. 심훈은 경제적 부담 없이 독립적으로 생활할 수 있는 방갈로 형식이 농촌 주거에 적합하다고 보고 과감하게 담장과 대문 없는 집을 완공했다. 여기에는 우리 농촌주택을 새롭게 개량하려는 의지가 담겨 있다.

현관을 도입하다

현관은 출입을 위한 공간이다. 공적公的 세계와 사적私的 세계의 경계에 위치하여 집의 첫인상을 만드는 동시에 내외부 사이 완충 공간이 된다. 전통 주택에서는 대문을 통과하고 마당을 거쳐 대청마루 앞에 신발을 벗어 놓고 올라가 방으로 들어가는 게 일반적이었다. 대청마루를 통해서만 출입한 게 아니다. 방마다 달린 툇마루를 통해서도 내외부 공간이 연결되었다. 담과 대문이 만드는 경계를 넘어 마당으로 들어온 다음에는 집 안팎의 경계가 모호했기에 여러 곳으로 드나들었다고 볼 수 있다.

필경사에는 담과 대문이 없는 대신 현관이 있다. 집의 출입구를 하나로 고정한 것이다. 오늘날에는 집 출입구에 현관이 있는 게

(왼쪽)외부에서 본 현관 여닫이 판장문을 통해 바라본 현관 내부. 문이 열려 있어도 내부 살림살이가 노출되어 보이지 않는다.
(오른쪽)현관의 연등 천장 현관에 연등 천장을 마련하여 커다란 공간감을 줬다.

현관 내부에서 각 방과 연결되는 좌우측 출입문
좌측 생활실 출입문은 미세기문이고, 우측 서재 출입문은 여닫이문이다.

당연하게 여겨지지만, 필경사가 건립된 1930년대 한반도에는 현관 있는 집이 매우 드물었다. 전통 한옥에도 현관은 없었고, 작은 초가집에는 더더욱 없었다. 당시 서울에서 정세권* 같은 집장사들이 가회동·혜화동·창신동 등지에 새롭게 짓기 시작한 개량한옥에도 현관은 없었다. 그러니 담과 대문을 없애고 현관을 도입한 것은 당대로서는 커다란 변화의 시도였다.

부곡리에 '현관 있는 초가집'이 등장한 데는 심훈의 의사가 결정적이었을 것이다. 그는 20대 초반에 중국 상하이와 베이징, 항저우 등 여러 도시에서 생활했고, 20대 후반에는 일본 교토에서 몇 달간 머물렀다. 그러니 현관이 있는 외국 주택 구조에 어느 정도 익숙하고, 그 필요성과 편리성도 충분히 인식하고 있었으리라.

선교사들이 한반도에 들어와 지은 집들은 담이 없는 대신 현관이 있었다. 청주와 대구 지역에 남아 있는 벽돌조 한옥은 대부분 미국식 방갈로 스타일로 지어졌다. 이런 주택에는 담과 대문 없이 현관만 있었다. 또한 일본식 주택, 단독 주택으로 지은 각종 관사나 사택에서도 현관을 볼 수 있었다.

외래 주택의 영향을 받아 1914년경 지어진 서울의 근대 한옥 도정궁 경원당이나 1920년대에 지어진 가회동 한씨 가옥에도 현관이 있었다. 그러나 이들은 모두 대규모 저택이다. 대부분의 소규

---

* 정세권鄭世權, 1888-1965. 일제강점기의 부동산 개발업자. 북촌과 익선동·본익동·성북동·혜화동·창신동·왕십리 등 경성부 전역에 한옥 대단지를 건설했다. 당시에는 흔히 '집장사'라 불렸다.

도정궁 경원당 포치와 현관
도정궁은 종로구 사직동에 있었던
도정都正 이하전李夏銓의 집이다.
사랑채에 해당하는 경원당만
남아 1979년에 건국대학교 내로
이전되었다.

모 살림집은 1930년대까지도 담과 대문이 있었고, 현관은 없었다.

3장에서 살펴본 것처럼 1920년대부터 생활개선 운동과 주택 개량 운동이 전개되며 우리 주택에서 불합리한 부분을 과학적이고 합리적으로 개선하자는 움직임이 전국적으로 퍼졌다. 이때 김유방이 제안했던 두 가지 소주택 개량안을 보면 모두 담과 대문이 없고, 포치나 베란다를 도입해 현관이 있었다.

그러나 우리나라와 서양 주택에서 현관의 기능이 달랐기에 초기에는 공간 사용에 혼선이 있기도 했다. 예부터 우리는 집에 들어갈 때 신을 벗고 좌식 생활을 했다. 하지만 서양인들은 신을 벗지 않고 들어가 입식 생활을 했다. 그들의 현관에 신 벗는 공간의 기능은 없는 셈이다. 그래서 서구의 일반 주택에서 현관 혹은 입구 홀은 안이자 동시에 밖이라는 애매한 성격을 띠었다.

재래주택에서 문화주택으로 전환해 가며 우리나라 생활 방식에 맞는 현관을 만들려는 노력들이 생겨났다. 1930년대 초반, 건축가 박길룡은 현관 개선안을 발표했다. 그의 도면을 보면 필경사 현관과 매우 유사함을 알 수 있다.

그 외에도 필경사 현관은 여러모로 매우 독특하다. 먼저, 현관의 폭이 제법 넓고 높이도 높아 이게 과연 초가집이 맞나 싶다. 현관만 놓고 보면 어느 저택보다 공간적으로 크기 때문이다.

개방감을 주기 위해 현관은 서까래를 노출한 '연등 천장'으로 만들었다. 바닥에서 용마루까지 높이가 3.68미터에 이른다. 폭 2.5미터, 높이가 3.68미터니 요즘 저택 기준으로도 꽤 크다. 앞서 소개한 도정궁이나 가회동 한씨 가옥도 현관만큼은 필경사보다 낮고 작다.

현관에 들어서면 가로 세로 높이가 각각 80×30×20센티미터인 댓돌이 있다. 20센티미터 높이의 댓돌을 밟고 41센티미터 높이의 마루로 올라간다. 현관 정면에는 유리창을 달아 채광과 환기가 잘 되게 했다.

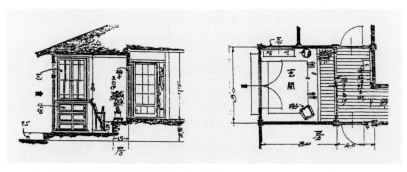

건축가 박길룡이 제안한 현관 단면도(왼쪽)와 평면도(오른쪽)
현관에 신발장과 의자를 비치하고 중문을 둔 것이 눈에 띈다. 편하게 접객할 수 있도록 공간의 폭과 높이를 8자(2.4미터) 정도로 넉넉하게 설정했다.

정면인 남동쪽에 현관을 배치한 것도 매우 의미 있는 시도였다. 일반적으로 서양식 방갈로에서는 정면에 포치와 현관을 두어 건물의 정면성facade을 살린다. 우리 한옥에서는 규모가 크더라도 정면성 개념은 없었다. 필경사는 비록 초가집이지만 정면성까지 고려해 지었다. 한마디로 '얼굴'이 있는 집이다. 그래서 이 집이 초가집이지만 당당해 보이는 것이다.

당시 현관이 도입된 주택 중에도 남쪽으로 출입구를 낸 주택은 많지 않았다. 우리 선조들은 '남향동문南向東門'이라 해서 전체 집은 남향으로, 대문은 동쪽이나 서쪽 측면에 두는 것을 선호했다. 그러나 집의 출입구가 대문에서 현관으로 서서히 바뀌며 주변과의 관계와 주택 형식을 모두 고려해 동문 현관이 좋은지 남문 현관이 좋은지 궁리했을 것이다.

일본인들은 대체로 북쪽 현관을 선호했다. 현관의 '현'이 검을 현玄이니 어두운 곳(북쪽)에서 출입하는 관문이라는 뜻이 있다. 근대 일본의 유명한 작가 다니자키 준이치로谷崎潤一郎, 1886-1965가 1933년에 쓴 「음예예찬陰翳礼讃」은 일본 전통 주거 공간에서 보는 '어스름한 공간shadow'의 미적 측면을 찬미한 글이다. 일본식 주택의 내부 공간에서 속복도(방과 방 사이로 통하는 복도)를 자주 볼 수 있는 이유는 이런 '어두움에 대한 친숙함' 때문이다.

반면 우리는 북쪽보다는 양명陽明한 남쪽에서의 출입을 선호했다. 그럼에도 많은 주택이 좌향은 남쪽이되 드나드는 현관은 동쪽이나 서쪽에 냈는데, 이는 외부인에게 집안이 훤히 들여다보이는 것을 피하기 위해서였다.

그러나 심훈은 필경사를 지으며 남동쪽에 현관을 냈다. 앞서 본 사진과 같이 내부 살림 공간이 드러나지 않도록 건축적으로 처리할 수 있었기 때문이다. 결국 살림이 노출되지 않고, 양명한 쪽으로 드나들 수 있으며 정면성도 살린 절묘한 디자인이 된 셈이다. 현관을 측면이나 북쪽에 두지 않고 정면성을 살리며 남쪽에 마련해 둔 것은 매우 이례적이며 의미 있는 시도였다.

수평창을 낸 서재

현관에 들어서서 보면 서재로 통하는 우측 출입문은 '여닫이문 swing door'이고, 생활실로 통하는 좌측 출입문은 '미세기문sliding door'이다. 왜 이렇게 만들었을까? 문의 형태를 통일했으면 공사하기도 편했을 것이다. 그러나 심훈이 그 사실을 모르지는 않았을 테니, 여기에는 나름의 고민이 담겨 있으리라.

당시 문화주택에서 가장 중요한 것은 가족 중심적 공간과 이를 위한 의자식(입식) 생활의 수용이었다. 어느 공간을 의자식으로 하고 어느 공간을 재래식(기존 좌식)으로 할지는 주택 계획에서 아주 중요한 부분이었다.

과거 사랑채는 남성의 영역으로 손님을 접대하는 공간이었다. 그러나 시대가 변하며 사랑채는 서재로 바뀌었고 접객 외에도 독서와 집필을 할 수 있는 공간이 되었다. 따라서 서재에는 의자식 생활이 적합했다.

필경사 서재에 비치된, 심훈이 사용하던 책상은 높이가 76센티미터다. 그리고 바닥에서 창문까지는 약 84센티미터다. 창대가 책상보다 약간 높게 만들어진 것이다. 성인 기준으로 바닥에 앉으면 창이 눈높이를 넘어 바깥을 내다볼 수 없다. 이런 설계는 기존 좌식이 아닌 의자식, 즉 입식 생활을 고려한 것임을 알 수 있다.

서재 북동쪽으로는 툇마루와 여닫이문을 두어 수시로 나가 배가 드나드는 바닷가를 조망할 수 있었다. 틀에 박힌 평면에 따라 문을 설치한 게 아니라, 주변 경관을 고려해 긴 수평창을 두고 툇마루까지 만들어 바깥 풍경을 바라볼 수 있게 했다.

필경사 평면도를 보면 서재의 가로세로 비율이 1대2로 다소 길쭉하다. 창문을 높게 내고 책상을 두어 입식 공간으로 느껴지지만, 나머지 공간은 좌식으로 사용하기에 전혀 불편하지 않다. 천장 높이는 약 2미터다.

북서쪽으로는 폭 60센티미터, 길이 170센티미터 정도의 돌출된 벽장을 마련했는데, 바깥쪽에 삼각형 부재를 설치하여 구조적으로 안전하게 받쳐 두었다.(161쪽 아래 사진에서 족자 두 개가 걸려 있는 부분, 194쪽 아래 사진 참고) 또한 북서쪽으로 쪽문을 뒀지만 이는 출입이 빈번한 문은 아니었을 것 같다. 부엌 동선과도 관계가 있지만 그보다 정면인 남동쪽에서 북서쪽으로 맞바람이 불도록

(위)서재의 남동쪽 내부 책상 높이가 창문 아래쪽에 오는 것을 볼 수 있다.
(아래)서재의 북서쪽 내부 입식 공간이지만 충분히 넓어 좌식 생활을 위한 여유 공간도 있었다.

서재의 북동쪽 내부 입면 수평창을 내 바다를 조망할 수 있게 했으며, 판장문을 열면 바다 쪽을 향하는 툇마루가 나온다.

만든 것으로 보인다. 홑집에서 겹집으로 바뀌며 통풍에 대한 과학적 이해를 바탕으로 마련한 문이다.

가족들이 모여 앉는 생활실

현관에서 좌측으로 미세기문을 열고 들어가면 두 칸 반, 그러니까 18.75제곱미터(5.68평)나 되는 제법 커다란 장마루(귀틀을 놓아 짜지 않고 긴 널을 깔아 만든 마루)가 나온다. 이곳은 과연 무슨 용도로 쓰였을까? 또 명칭은 무엇일까?

　과연 대청마루일까, 아니면 거실일까? 우선 용도부터 살펴보자. 이 공간은 안방과 인접해 있고, 반지하로 된 부엌과도 연결되어 있다. 재래식 대청과 크게 다른 점은 공간이 트이지 않고 벽으로 막혀 있다는 점이다.

(위)현관 쪽에서 본 생활실 좌식 생활을 하며 밖을 내다볼 수 있도록 창문이 낮게 마련되었다.
(아래)서재 쪽으로 본 생활실 생활실에서 서재 쪽 벽체까지는 시선이 매우 깊어 커다란 공간감을 준다.

여름철에는 약간 답답했겠지만 겨울철에는 따듯하고 아늑했으리란 생각이 든다. 3장에서 농민운동가 이성환이 주장한, '한집에 있는 가족들이 서로 한자리에 모여 앉는 버릇'을 들이려면 이렇게 넓은 공간이 필요했을 것이다. 이곳은 식사 등 가족들의 여러 일상생활을 담당했던 공간으로 보인다.

그렇다면 이 공간은 뭐라고 불렸을까? 어느 자료에도 정확한 명칭이 남아 있지 않다. 얼핏 보면 전통주택의 대청마루와 비슷해 보이지만, 연계된 공간들과 묶어 보면 크게 다르다. 재래주택에서 대청마루는 마당으로 열려 있지만 이곳은 남동쪽이 벽과 창문으로 막혀 있다. 부엌과는 여닫이문으로, 안방과는 미세기문으로 연결된다. 전통주택에는 없던 방식이다. 주방과 거실이 통합된 요즘의 리빙 다이닝 공간과 유사하다.

1920년대에 문화주택이 처음 소개되던 때에는 '식사 겸 거실'이라는 표현이 많이 사용되었다. 그러나 필경사에서는 '생활실'이라는 명칭을 쓰는 게 더 적절할 것 같다. 거실은 일반적으로 소파나 식탁 등 가구를 들여놓은 입식 생활 공간을 뜻하는데 여기에는 그런 흔적이 없다. 천장 높이는 2미터 정도로, 입식 생활을 하기엔 약간 낮아 보인다. 앞서 본 몇몇 도면에서 1920년대 지식인들이 이미 생활실이라는 용어를 활용했기에 여기서도 거실보다는 생활실이라고 칭하겠다.

심훈은 생활실과 서재를 계획하며 각각 좌식으로 할지 입식으로 할지 무척 고민했나 보다. 오죽하면 현관과 연결된 문들을 한

(왼쪽)생활실에서 본 안방, 다락, 부엌 출입문 생활실은 안방과 연결되고, 부엌문 앞에서는 가족들이 모여 식사를 했을 것으로 보인다.
(오른쪽)다락 창문과 부엌문 다락 창문(상부)과 부엌문(하부)이 생활실 창문과 직선 축을 이룬다. 과학적으로 통풍을 고려한 구조다.

쪽은 미세기, 다른 한쪽은 여닫이로 마감했을까. 일본의 문화주택에서도, 또 조선의 문화주택에서도 거실에는 소파를 놓는 입식 생활을 지향하고 있었다. 그러나 심훈은 서재를 입식으로 한 것과 달리 생활실은 좌식으로 만들었다. 그 증거로 생활실 창문 높이를 들수 있다. 창의 높이는 48센티미터로, 성인이 앉아서 충분히 밖을 내다볼 수 있는 높이다. 서재의 창문 높이가 84센티미터인 것과 비교하면 더 확실해진다. 서재는 입식을, 생활실은 좌식을 전제로 마련한 공간이었다.

한 방에 한 기능만, 침실이 된 안방

생활실에서 장지문을 열면 안방이 나온다. 안방은 골방과 연결되며 다락과도 이어져 있다. 재래식 거주 생활의 단점 중 하나는 잠자는 곳에서 식사까지 한다는 점이었다. 당시에는 이런 다기능적인 공간 사용을 부정적으로 보기 시작했는데, 대표적인 공간이 안방이다.

1930년대에는 한옥의 번잡함을 개선하고 식사 준비를 편리하게 할 수 있도록 부엌과 안방 사이에 작게 구멍을 내는 경우도 있었다. 박길룡은 부엌과 안방 사이에 작은 유리문을 두는 방안을 모색하기도 했다.(172쪽 부엌 단면도 참고)

그러나 필경사에는 그런 공간이 없었다. 부엌 바로 옆, 생활실 한쪽에 식사 공간이 따로 마련되었기에 안방에서 식사할 필요가 없었을 것이다. 안방의 기능이 점차 분화해 침실로만 이용되는 대표적인 사례로 볼 수 있다.

필경사 안방 외기에 면한 문 하단에는 머름이 설치되어 있다. 머름은 일반적으로 창 아래에 설치된 조금 높은 문지방으로, 내외부 공간을 분리하고 방 안에 머무는 사람이 아늑한 분위기를 느끼게 한다. 또한 외풍을 막는 역할도 한다. 장식적인 요소이기도 하지만, 이것을 설치한 가장 큰 목적은 기능성 때문이다.

창이 햇살을 받는 구실을 한다면 문은 출입의 기능을 하는데, 머름이 설치된 곳은 문이 아니라서 일반적으로 출입을 하진 않는다. 필경사 안방 외기의 문을 보면 머름의 높이가 낮고 외부에 툇

(위)생활실에서 본 안방 왼쪽은 골방, 오른쪽은 다락이다. 생활실 창문과 안방 내부 장지문, 그리고 외기에 면한 두 짝짜리 문이 일직선으로 배치되었다.
(아래)생활실에서 본 안방과 골방 안방은 생활실과 네 짝짜리 장지문으로 연결되어 겹집 구조임에도 빛이 잘 든다.

(왼쪽)안방에서 본 생활실 창문 안방 장지문과 생활실 창문이 일직선을 이룬다. 겹집 구조에서 일조와 통풍을 고려한 것이다.
(오른쪽)안방과 연계된 다락 안방에서 다락 쪽을 바라보고 앉으면 왼쪽은 외기에 면해 있고, 오른쪽에는 생활실이 있다.

마루까지 있는 것으로 보아 출입도 가능했을 듯하다. 그러나 문 앞에 경대鏡臺가 위치한 것으로 보아 출입이 잦지는 않았을 것으로 보인다.

필경사 안방은 네 면이 모두 문으로 둘러싸여 있다. 생활실과는 네 짝 장지문으로 연결되고, 다락 쪽엔 턱이 있지만 그 위로 다락문이 있으며, 골방 쪽으로도 네 짝짜리 미세기문을 두어 매우 융통성 있게 사용하도록 했다. 이 골방에 이부자리는 물론 각종 생활용품을 보관할 수 있었기에 안방은 널찍하고 쾌적하게 사용할 수 있었으리라.

안방과 생활실을 연결하는 네 짝의 장지문과 생활실의 외기에 면한 유리창은 안방 머름 위의 낮은 두 짝 여닫이문과 직선으로 배치되어 겹집이지만 통풍이 잘되도록 배려하고 있다. 공간 계획에서 통풍을 무척 중요한 기준으로 삼았음을 알 수 있다. 안방은 네 면이 모두 개폐되는 문으로 둘러싸였으니 겹집 구조임에도 밝고, 여름철에는 아주 시원하게 지낼 수 있었으리라.

부엌은 뒤로, 천장은 높게

생활개선 운동이 한창이던 1923년, 건축사 이훈우는 《동아일보》에 게재한 "주택은 여하히 개량할가"라는 글에서 좀 더 전문적이고 구체적으로 부엌 문제에 접근하고 있다. 특히, 재래주택을 기준으로 부엌이 전면에 있으면 위생과 미적 측면에서 문제가 있으니 뒤쪽으로 옮기는 게 좋겠다고 주장한다.

> 부엌을 안방에 가깝게 함은 음식 만드는 데 직접 관계가 있는 부인이 안방에 있게 되는 등 여러 가지 관계와 편리를 얻으려는 까닭이다. 실상은 이것이 위생상에도 좋지 못할 뿐 아니라 집 전체의 미美를 없이 하는 것이외다. 그러니 이 부엌을 집채의 뒤쪽에 둔다 하면 드나드는 사람에게도 보이지 아니하고 앞뜰이 깨끗하여질 것이외다.

> 일찍이 지식인들은 한옥 부엌이 여러 측면에서 개선되어야 한다고 주장했다. 부엌이 뒤쪽으로 옮겨져 전면에 노출되지 않아야 한다는 주장은 사람들에게 큰 호응을 얻었다.

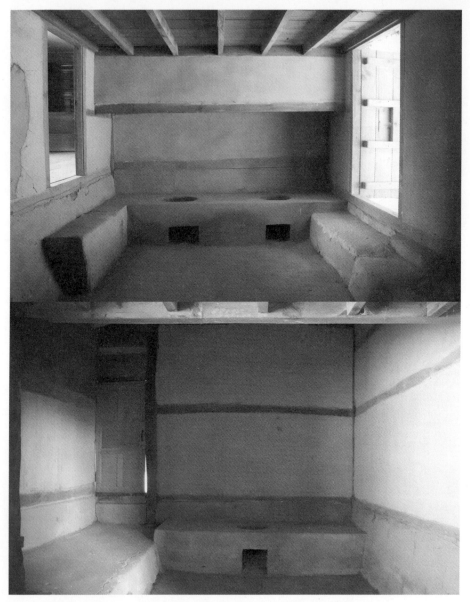

(위)부엌의 남서쪽 내부 통풍을 고려해 생활실로 통하는 문(왼쪽)과 외부에 면한 문(오른쪽)을 직선으로 배치했다.

(아래)부엌의 북동쪽 내부 연등 천장 구조로 내부 높이가 매우 높다.

이런 논쟁을 받아들여서인지, 필경사 부엌은 집 뒤편에 위치해 있다. 출입구도 뒤쪽으로 나 있다. 당시 많은 지식인이 바라던 방향으로 개선한 셈이다. 그리고 부엌의 규모가 무척 크다. 왜 이렇게 넓게 지었을까?

부엌은 두 개의 모듈로 이루어져 면적이 12.50제곱미터(3.8평) 정도 되고 높이는 4.36미터나 된다. 제법 큰 공간이다. 우리 전통주택에서 이렇게 넓고 천장이 높은 부엌은 드물다. 왜 그럴까 생각해 보면, 필경사에서는 하나의 널따란 부엌에서 안방과 서재 두 곳의 난방을 모두 하기 때문이라 유추할 수 있다. 두 공간을 위한 난방용 아궁이를 한곳에 마련한 것이다. 또한, 생활실에서 부엌으로 난 쪽문으로 드나들었을 터이니 바깥에 나갈 필요 없이 불씨를 살피기에 편리했을 듯하다.

비슷한 규모의 개량한옥을 보면, 대부분 부엌 위에 다락이 마련되어 있었다. 이렇게 되면 부엌 천장은 매우 낮아질 수밖에 없다. 그러나 필경사는 한 칸짜리 다락 공간이 있음에도 부엌을 한 칸 더 넓게 마련하고, 사진에서 보이듯 다락 외 부분은 현관처럼 연등 천장으로 만들어 부엌에 매우 높은 공간감을 주었다.

부엌에서는 취사와 난방을 하므로 냄새나 연기가 차는 경우가 많다. 그러니 천장의 높은 부분으로 냄새와 연기가 올라가 빠져나가고, 상대적으로 천장이 낮은 다락 하부 공간에서는 아늑하고 편리하게 부엌일을 할 수 있었을 것이다.

부엌의 기능을 좀 더 자세히 알려면 식사는 어디서 했고 식사 공간이 부엌과 어떻게 연결되는지 그 동선을 살펴야 한다.

1930년대 우리 주택에서는 식사 공간이 따로 정해져 있지 않았다. 홑집의 경우 여름철에는 대청에서, 겨울철에는 안방에서 식사를 하는 경우가 많았다. 그러므로 부엌과 안방의 동선을 연계해야 했다. 보통은 마당 쪽에 면한 부엌문을 열고 대청으로 올라가 안방

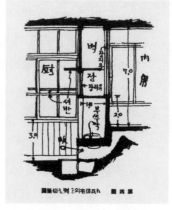

《동아일보》에 실린 박길룡의 K씨 주택 부엌 단면도
박길룡은 부엌의 개선을 위해 안방과 부엌 사이에 음식이나 그릇을 전달할 수 있는 '유리창 달린 벽장'을 제안하기도 했다.

으로 드나들었다. 이런 번잡한 동선을 피하고자 부엌문을 마당 반대쪽에도 내고 바로 안방으로 연결되는 마루를 마련하는 경우도 많았다. 그리고 좀 더 기능적인 개선을 위해 박길룡이 제안한 것처럼 부엌과 안방 사이에 유리창 달린 벽장이나 작은 개구부開口部를 마련하려는 시도도 있었다. 부엌 옆에 '찬마루'를 마련해 식사 공간으로 활용하는 경우도 있었다. 그러나 필경사에서는 부엌이 내부 쪽문을 통해 생활실과 직접 연결되어 가족들이 그 앞에 모여 식사를 했음을 알 수 있다. 겹집이기에 점차 기능 중심적으로 공간이 진화할 수 있었다.

그러나 겹집은 홑집보다 통풍이 불리하다. 부엌에서 외부로 통하는 문을 두 개나 둔 것은 모두 통풍을 배려한 구조다. 북서쪽

외부에서 본 부엌 쪽문(왼쪽)과 판장문, 다락 창문(오른쪽)
큰 판장문은 통풍이 필요한 여름철에, 작은 쪽문은 내부 보온을 효율적으로 하기 위해 겨울철에
사용되었을 것이다.

으로 난 두 짝의 부엌문은 여름철에, 서재 쪽으로 난 한 짝짜리 쪽문은 겨울철에 사용하지 않았을까? 부엌의 열기를 조금이라도 더 유지하려면 맞바람이 치지 않는 후미진 곳에 작은 쪽문을 내는 것이 합리적이었을 것이다. 여름에는 통풍이 잘되는 커다란 두 짝 문을, 겨울에는 열을 빼앗기지 않으며 외부로 드나들 수 있는 작은 쪽문을 이용하여 공간을 과학적으로 활용했던 것을 볼 수 있다.

통로인가 수납고인가, 골방

안방 안쪽으로는 골방이 있다. 이 골방은 여러 각도에서 생각해 볼 여지가 많은 공간이다. 전통 한옥에서 보던 단순한 고방(세간이나 그 밖의 여러 물건을 넣어 두던 '광'의 원말)이나 골방과는 여러 면에서 다르다.

우선 필경사 골방에는 수납 기능이 있다. 안방에서 사용하는 침구나 옷가지 등을 넣어 두려면 수납 공간이 필요했을 것이다. 그리고 이 골방은 안방에서 화장실이나 욕실로 향하는 통로 공간이기도 했다. 공용 공간인 생활실에서 화장실과 욕실로 바로 연결되는 복도를 내지 않고, 안방과 골방을 거쳐 출입하게 했다.

외부 손님이 사용하기에는 다소 어색했을 것 같다. 그러나 작가 자신이 당진에 은거하러 내려왔음을 밝히고 있으니 외부에서 오는 손님이 그리 많지는 않았으리라 추측한다. 이런 공간 활용 방식은 요즘 아파트에서 안방 안쪽에 드레스룸이나 파우더룸을 배치하는 것과 유사하다. 따라서 이곳은 침구를 두는 공간인 동시에 욕실의 전실로, 옷을 갈아입고 넣어 두는 반닫이나 장롱도 있었을 것 같다.

또한 필경사 골방에서 눈여겨볼 부분은 네 짝 미세기문이다. 우리 재래식 주택에서 안방 옆에 붙은 골방은 대개 벽과 외짝 문으로 마감된다. 그러나 필경사 골방은 벽체 부분이 없고, 벽체 폭 전체를 목제 미세기문으로 해 두었다. 이 미세기문을 응용하여 골방을 통로와 수납 공간 등 다양한 용도로 활용했을 것이다.

다음 페이지 사진들을 보자. 문이 모두 닫혀 있으면 벽체처럼 보인다. 이 경우에는 안방과 골방이 각각 독립된 공간처럼 쓰일 수 있다. 한 짝만 열면 통로가 되며, 가운데 문 두 짝을 열면 이부자리를 보관하는 등 수장고 기능을 할 수 있다. 양쪽 끝의 문들을 열어 두면 가운데의 이부자리가 보이지 않아 공간을 쾌적하고 넓게 쓸 수 있으며 환기도 잘된다. 이 미세기문 덕분에 골방은 통로로도, 수장고로도 쓰이는 매우 독특한 공간이 되었다.

그렇다면 골방에 이런 수납 기능 외에 다른 기능은 없었을까 궁금해진다. 수납 공간으로 보기엔 규모가 다소 크기 때문이다. 폭이 반 칸이니 약 1.25미터다. 요즘 아파트에서 일반적으로 볼 수 있는 폭 0.6미터짜리 수납 공간의 두 배다. 게다가 외부로 연결되는 문도 있다. 따라서 이 골방은 숨거나 피신하는 공간까지 고려해

골방 미세기문을 모두 닫아 둔 모습
벽처럼 인식되는 미세기문이 공간을 분리해, 골방과 안방을
각각 독립된 공간처럼 쓸 수 있다.

골방 미세기문 왼쪽만 열어 둔 모습
골방이 화장실이나 욕실로 가는 통로가 된다.

골방 미세기문 가운데 두 짝을 열어 둔 모습
중앙에 쌓아 둔 이부자리가 보인다. 골방이 안방에 딸린
수장고처럼 활용되었음을 알 수 있다.

골방 미세기문 양쪽을 열어 둔 모습
가운데 부분의 이부자리는 가려지며, 양쪽으로 드나들 수 있고,
환기도 잘 된다.

만들었다고 추측해 볼 수 있다.

심훈은 작품을 통해 수납 공간의 '숨는 공간'으로서의 기능까지 묘사하는 경우가 종종 있었다. 「직녀성」에 나오는 귀양이와 사요코가 주인공 봉환의 집을 방문하는 대목을 보자.[*]

인숙이보다 먼저 귀양과 사요코의 목소리를 알아들은 봉환은, 딴 정신이 번쩍 나는 듯 홱 돌아누우며 황급히 방안을 휘휘 둘러보더니 "여보, 저리루 들어가우, 어서 어서!" 하고 발치의 반침을 가리킨다. 인숙은 금세 상기가 되어서 가도 오도 못하고 쩔쩔매는데 바로 장지 밖에서 "윤 군, 벌써 자나? 들어가두 괜찮은가?" 하는 귀양의 목소리가 창호지 한 겹을 격한 지척에서 들린다. 봉환은 말도 못하고 얼굴이 샛노래가지고 허둥대며 어서 반침 속으로 들어가라고 인숙에게 연거푸 눈짓을 한다.(57쪽)

여기서 주목할 부분은 작가가 봉환의 집, 그러니까 한옥 공간에서 '반침'이라는 용어를 사용한 것이다. 글의 맥락을 보면 이 반침이 몸을 숨기는 공간으로 사용되었음을 알 수 있다. 그러나 봉환이 사요코가 있는 일본식 여관을 방문했을 때는 비슷한 공간의 명칭이 다르게 표현된다.

---

* 심훈, 김종욱·박정희 엮음, 『직녀성(하)』, 글누림, 2016.

봉환은 잠자코 일어서서 다다미 위를 왔다 갔다 하는데 이불을 넣어 두는 오시이레(벽장) 곁으로 가까이 가기만 하면, 사요코가 바늘 끝으로 찔리는 것처럼 움찔하고 눈을 감는 것을 봉환은 흘 낏 내려다보았다. …

봉환은 "딴소리 말구 자리를 꺼내!" 하고 다시 한 번 소리를 질렀 다. 그와 동시에 제 손으로 이불을 꺼낼 듯이 오시이레 편으로 다 가서니까 "유난스럽게 찬 이불은 꺼낼 게 뭐 있어요." 하고 사요 코는 발딱 일어나 봉환의 허리를 껴안고 뒷걸음질을 시킨다.(70-71쪽)

여기서는 '오시이레'라는 단어를 사용했다. 이 두 대목에서 반침이든 오시이레든, 작가는 수납 공간을 원래 기능 외에도 피신 하기 좋은 공간으로 인식하고 있었던 듯하다.

돌이켜 보면, 심훈은 학창시절 만세운동으로 투옥되었고, 출 소 이후 중국으로 유학을 떠날 때도 변장해야 했을 정도로 일제의 감시를 심하게 받았다. 게다가 1930년대에 여러 가지 검열 사건도 있었으니, 그는 늘 감시로부터 자유로울 수 없다는 것을 인식하고 있었으리라.

심훈의 셋째 아들 심재호는 『심훈을 찾아서』에서 일제 때 심 훈과 심재영을 향한 감시가 얼마나 심했는지 증언한다.

심훈이 세상을 떠났는데도 일본 형사가 이 서재를 드나들었다.

심재영의 동태를 살피기 위해서였다. 큰형님 설명으로는 누군가의 고발로 당시 야학당의 동태를 감시하기 위한 것이라고 했다. … 1945년에 해방이 됐다. 새로 부임한 당시 당진경찰서장은 다름 아닌 일제 때 큰집을 드나들면서 심재영을 감시하던 바로 그 형사였다. 심재영은 그 순간 또 무너지고 말았다.(254-255쪽)

실제로 골방이 비상 통로로 얼마나 자주 쓰였는지는 모르지만, 감시가 심했던 엄혹한 일제 치하에서 비상시까지 염두에 두고 외부로 피신할 수 있는 통로를 마련하는 것은, 집주인에게는 중요한 기준이었을 것이다.

부엌 위, 다락

다락이란 일반적으로 지붕의 하부이자 부엌 상부에 마련되는 공간이다. 부엌은 일반적으로 아궁이 때문에 조금 낮게 마련되곤 했다. 그렇기에 지붕 아래에 또 다른 공간을 만들 수 있다. 우리나라 전통주택이 온돌 구조이기에 가능한 독특한 중이층 구조다. 「직녀성」에는 아래와 같은 대목이 있다.

그것을 보자 인숙은 얼굴을 돌렸다. 금세 그 얼굴은 새빨개졌다. 다락 창살 틈에서 쏟아져 내리는 것은 봉환이가 온종일 참다 참

(위)다락의 북서쪽 내부 작은 크기의 두 짝짜리 창문을 냈다.
(아래)다락의 북동쪽 내부 오른쪽은 생활실이고, 왼쪽에는 북서쪽으로 난 창이 있다. 이 창은 생활실
외기에 면한 창문과 직선으로 연결되어 통풍이 양호했을 것이다.

다 못해서 부끄러운 생각도 없이 내려 대고 깔기는 오줌 줄기였던 것이다.(214쪽)

인숙의 남편 봉환이 창피를 모르고 다락에서 오줌을 깔기는 장면이다. 우리나라 주택에서 다락은 입체적으로 사용할 수 있는 공간이었다. 재래식의 경우 다락에서 외부 마당에 있는 사람들과 소통할 수 있고, 이때 새로운 공간감을 느낄 수 있다. 필경사의 경우 다락과 생활실 바닥은 반 층 정도 차이가 나고, 부엌과도 반 층 차이가 나는 매우 입체적인 공간이다.

원래 다락에는 각종 식재료나 살림살이를 보관한다. 그러나 필경사 다락은 생활실과도 연결되어 장기간 물품을 저장하는 기능 외에 식사 준비에 필요한 집기와 도구 등이 비치되어 있던 공간이었다고 추측해 볼 수 있다. 전통적인 다락은 수납 기능이 중요했다면 필경사 다락은 생활실로 열려 있기에 일상생활에 필요한 물품들을 두고 그때그때 편리하게 꺼내 사용하는 공간이 되었을 것이다. 이처럼 다락의 기능과 역할도 점차 변모하고 있었다.

그리고 다락에는 환기를 위해 북서쪽 외부로 두 짝의 작은 창을, 내부 생활실로도 네 짝짜리 창을 냈는데, 이 창들이 생활실 창문과 일직선을 이루어 통풍이 효율적으로 이루어지게 한 점도 독특하다. 이곳 또한 과학적 사고가 바탕을 이루고 있었다고 보아야 할 것이다.

집 안으로 들어온 화장실

우리나라 재래주택에서 변소는 가장 열악하고 비위생적인 공간이었다. 그러다 보니 본채 건물과 떨어져 마련되는 게 일반적이었고, '변소는 멀리 떨어뜨려 짓는 게 좋다'는 속설도 있을 정도였다. 그러나 1920년대부터 생활 개선 운동과 함께 이러한 재래식 변소의 개량에 대한 목소리도 한층 높아져 갔다.

1929년 박길룡은 《조선일보》에 게재한 "잘 살랴면 집부터 고칩시다"라는 글에서 '수채(하수 시설)', '변소', '부엌' 등을 먼저 고칠 것을 제안했다. 이런 문제 제기와 함께 건축가들은 좀 더 구체적으로 변소의 개량을 주장했다.

박동진은 "재래 우리 주가住家의 변소는 다 아는 바와 가티 본채에서 퍽 떠러저 있다. 이것은 위생상으로 보아서는 찬성할 수 잇는 점이다. 그러나 그 구조나 설비에 있어서는 넘우도 불완전하다."라고 주장한다. 구조와 설비가 위생적으로 큰 문제라는 점을 지적하고 변소를 집으로 들일 것을 강조한 것이다.

화장실 내부
재래식 화장실이지만
뚜껑을 마련해 두었다.

이러한 주장에 따라 1930년대 우리나라 개량한옥을 보면 화
장실이 점차 건물 몸체인 문간채 끝에 마련되는 경향을 볼 수 있
다. 그러나 이때까지만 해도 화장실에 가려면 마당을 지나야 했고,
아직 실내 공간으로 편입되지는 못했다.

교육자이자 사회운동가였던 황신덕은 1936년 《신가정》에서
"목욕통과 세면소와 변소를 서로 련락시켜서 따로 신발을 신지 않
고라도 다닐 수 있게 해야겠서요."라고 주장했다. 당시 지식인들은
우리네 변소도 점차 실내에 마련하고 근대화된 공간과 설비를 갖
추어야 한다는 점을 인식하고 있었던 것이다. 김유방도 "가족 중
심의 실내 주거 공간이 되어야 새로운 문화주택이 가능한데, 그러
려면 변소와 욕실을 주택 내부에 두어야 한다."고 주장했다. 이런
주장들은 모두 문화생활을 하려면 먼저 위생과 환경의 기본 조건
을 충족해야 한다는 전제를 깔고 있었다.

필경사는 농촌에 지어졌지만 화장실과 욕실이 실내에 있으
며 다른 방들과 공간적으로 분리되었다. 욕실을 거쳐 화장실로 연
결되는 개념이다. 이런 방식으로 작은 공간을 넓게 사용할 수 있었
다. 또한 화장실에는 채광과 환기가 잘되도록 제법 커다란 유리창
을 냈다.

초가집에 욕실이라니

필경사에서 특이한 공간 중 하나는 별도로 마련된 욕실이다. 초가집에 욕실이라니. 이는 1930년대 경성의 개량한옥에서도 찾아보기 어려운 구조였다. 내부에 변소를 두는 경우는 종종 있어도 대부분 욕실까지 두지는 못했다. 사대부들의 대규모 전통주택에서도 목욕 공간이 별도로 마련되는 경우는 거의 없었다. 근대에 이르러 목욕 공간이 필요함을 깨닫고 점차 욕실이 생기기 시작했다. 우리 옛 건축에서 욕실을 둔 예를 찾아보자.

전라남도 영광군 군남면에 위치한 연암 김씨 종택(매간당 고택)을 보면 1903년에 지은 중문간에서 무쇠로 만든 욕조를 둔 욕실을 볼 수 있다. 한옥에 욕실을 둔 신기한 예다. 서울의 근대한옥을 보면 1914년경 지은 대저택 도정궁 경원당에 욕실이 마련되어 있었다. 1938년에 비교적 큰 규모로 지은 민병옥 가옥과 정준수 가옥에서도 욕실이 별도로 마련된 경우를 볼 수 있다. 그 외 대부분의 한옥에서는 1930년대 후반쯤 되어서야 비로소 욕실이 내부 공간으로 마련되었다.*

이런 추세를 고려할 때, 1934년 시골 부곡리에서 초가집에 마련된 욕실은 문화생활을 하려는 심훈의 강한 집념이 없었다면 결코 만들어 내기 쉽지 않았을 설비다. 당시 조선인 중 개인 주택에서 욕조 목욕을 경험한 이도 그리 많지 않았으리라. 경성 사람들

---

* 임창복, 『한국의 주택, 그 유형과 변천사』, 돌베개, 2011.

(왼쪽)연암 김씨 종택 욕실 손으로 만든 무쇠 욕조가 설치되어 있다.
(오른쪽)필경사 욕실 화장실과 마주 보고 있으며, 오른쪽 문은 골방으로 통한다.

도 일 년에 두어 번 공중목욕탕에 가는 게 전부였다. 그러므로 주택에 욕실이 있는지 여부는 문화생활이 가능한지 가르는 중요한 척도가 되었다.

그렇다면 무쇠 욕조는 어떻게 사용되었을까? 무쇠 바닥에 뚜껑보다는 조금 작은 목재판을 가라앉히고, 어느 정도 물이 데워지면 그 물에 잠긴 목재판 위에서 몸을 담그는 정도의 목욕을 했을 것이다. 다음에 욕조를 사용할 식구를 위해, 그리고 따뜻한 물을 아끼기 위해 욕조에서 때 밀기는 엄금 사항이었다.

따뜻한 물에 몸을 담그는 목욕 방식은 당시 일본의 영향을 받은 것이라 할 수도 있겠다. 그러나 철제 욕조가 쓰였기에 필경사가 일본 주택의 영향을 받았다고 확대 해석하는 것은 매우 편협한 시각이다.

무쇠 솥단지에 물을 데워 목욕하는 방식은 연안 김씨 종택 욕실에서 보듯이 우리 사회에도 이미 오래전부터 전해졌다. 생산 수단이 미비하거나 경제력이 부족해 널리 활용되지 못했을 뿐이다. 각 사회가 근대화 과정에 겪는 물질문화의 습합襲合과 그 속성에 대해서는 다각도에서 보고 이해해야 한다.

필경사에 욕실이 마련될 수 있었던 가장 큰 이유는 작가가 성장 과정에 중국과 일본 등 해외 생활을 하여 목욕 문화에 익숙해졌고 그 필요성에 크게 공감했기 때문이지 않을까? 그렇기에 농촌으로 내려와 초가집을 건축하고, 문화생활을 할 수 있도록 무쇠 욕조를 구매하여 욕실을 마련한 것으로 볼 수 있다.

필경사는 농가였다, 창고가 있기에
아래 글은 「필경사 잡기」의 한 부분이다.

다년간 생활고를 맛보면서 꿈꾸는 이기적인 고독한 생활 속으로 은거隱居한 것이다. 몇 주株의 수목이 듬성듬성 선 화원에 에워싸인 수간두옥數間斗屋과 아내의 소일거리인 조그만 계사鷄舍와 야채 재배의 취미를 가진 그의 일편의 토지를 일구어 그들이…

집 외부에 나무가 듬성듬성 있었으며, 아내가 닭을 기르고 채

소를 재배했던 모양이다.

필경사는 농촌에 지은 주택이기에 당연히 농기구 보관 공간도 필요했을 것이다. 이를 위해 다양하게 활용할 수 있는 부속 공간으로 창고를 마련해 두었다. 농촌에서 살림채가 '주인'이라면 부속채는 주인을 모시는 '종'의 성격을 띤다고 인식되었다. 그러므로 부속채는 집주인의 경제력에 따라 기능이나 규모가 정해졌다. 그만큼 부속채의 형식이 다양하지만, '헛간', '마굿간', '잿간', '도장', '뒷간' 등 단일 공간을 지칭하는 용어가 본채와의 관계 속에서 많이 사용된다.

우리나라 농촌의 초가는 지방에 따라 형식이 다양하지만 대부분 一자, ㄴ자, ㄷ자 평면이었다. 그리고 재래식 초가에는 살림채만 있는 경우가 오히려 적었다. 대부분의 집에 담과 대문이 있으니, 조금만 여유가 있는 집이면 초가라 해도 살림채에 부속된 곳간채가 있는 경우가 많았다. 농경 사회였던 만큼 집집마다 논밭에 나가 농사를 짓기 위한 각종 도구가 있었고, 가을걷이가 끝나면 수확한 것을 겨우내 비축해야 했기에 여러 형태의 창고가 필요했다.

그러나 담과 대문이 없는 필경사의 경우 본건물에 창고 기능까지 담고 있다. 필경사 창고는 4분의 1칸으로 약 1.56제곱미터(0.47평) 규모였고, 주로 바깥일에 쓰이던 창고였기에 밖에서 드나드는 판장문이 있었다.

심훈은 잠시 농촌에 내려와 생활할 생각이었기 때문에 광이나 창고까지 마련해야 할지 고민했을 것이다. 서울의 도회지 생활

필경사 창고 외부 판장문

에 익숙한 사람이라면 보통은 살림채에만 관심을 기울이고 농사일이나 관리를 위한 공간에는 큰 관심이 없었으리라. 그러나 심훈은 필경사를 지으며 처음부터 정면에 창고를 두었다. 이는 방갈로 스타일의 집을 지으며 창고까지 포함한 완성된 '근대적 농가 유형'을 고민했다는 것을 의미한다. 그는 본채와 별도로 창고를 두는 것보다는 창고를 품은 완결된 주거 형식을 꿈꾸었다.

이렇게 처음부터 본채에 창고까지 마련해 지은 것으로 보아, 필경사가 경성에 지어지던 도시형 주택을 단순히 모방하여 농촌에 그대로 적용한 것은 아님을 알 수 있다. 심훈은 농촌 현실에서 필요한 공간을 찾아 적용하고 한 채의 주택으로 완성했다. 필경사 본채에 창고가 마련된 것은 도시형과는 다른 '농가형 주택'을 염두에 둔 형식임을 의미한다.

집 정면에 꽃을 두다, 화대

필경사 정면에는 아주 독특한 목조 받침대가 두 개 있다. 화분을 놓기 위한 것으로 보이는데, 하나는 생활실 창문 앞쪽에, 다른 하나는 서재 창문 앞쪽에 마련되었다. 규모는 폭 30센티미터, 길이 2.5미터다. 얼핏 보면 툇마루에 난간을 단 형상 같기도 하다. 이 부분의 명칭과 기능은 무엇일까?

1923년 홍석후가 《동아일보》에 쓴 "긴급한 위생문제"라는

필경사 현관 좌우측에 위치한 화대
화대는 당대 문화주택을 상징하는 하나의 아이콘이었다.

글을 보자. 주택 개량을 위한 논의가 한창이던 당시, 그는 이런 주장을 한다.

> 그런데 저 서양 사람들의 집을 보건대 문간에는 화초를 심고, 마당도 정결하며 변소와 부엌 가튼 보기에 불결한 곳은 모다 뒤로 두되 더욱 변소는 멀리 떼어 짓는 것이외다. 그럼으로 우리네의 집도 가튼 제도로라도 위치만 변경하야 문간은 정결하게 하고…

여기서 홍석후는 집 정면이 그 집의 얼굴이므로 보기 좋고 정결하게 하고 화초를 심을 것을 주장한다. 당대 화단은 문화생활과 문화주택을 의미하는 일종의 아이콘이었다. 경성의 이런 추세에 익숙했던 심훈은 필경사 구상 초기부터 꽃을 두는 받침대를 염두에 두었을 것이다. 기존 초가집과 차별화를 꿈꾸며 마련한 세부 공간이다. 그렇다면 이 부분을 어떻게 불러야 할까?

건축가 박길룡의 소주택 설계도면을 보면 '사랑' 공간 외부에 '화대花臺'라는 명칭이 보인다.(217쪽 아래 평면도 참고) 따라서 이 부분의 명칭으로는 '화대'나 '화분대'가 무난할 것이다. 그러나 어떤 이유에서인지 요즘은 간혹 사람에 따라 이런 공간을 '화대'보다는 '베란다 화단'이나 '화단 발코니'라 부르기도 한다.

원래 발코니나 베란다는 활동 공간을 가리키는 용어로, 실내가 아니라 외부 공간을 일컫는다. 베란다는 통상 내부로 움푹 들어간 공간을, 발코니는 돌출된 공간을 가리킨다. 그러나 이곳은 외부 활동을 위한 공간은 아니므로 발코니나 베란다로 칭하는 것은 적절하지 않은 용어다.

필경사는 서양식 방갈로를 모델로 농촌에서도 문화생활이 가능하도록 겹집 형식으로 지은 주택이다. 비록 초가지붕을 얹었지만 문화주택임을 나타내기 위해 화대를 만들었을 것이다. 당대 문화주택의 아이콘으로 꼽혔던 것은 뾰족한 지붕, 베란다, 출창出窓(튀어나온 창), 벽난로 등이었다. 화분의 설치도 문화주택을 상징하는 아주 중요한 건축 요소였다. 부곡리 시골 초가집에 꽃을 둘 화대를 마련한 것은 필경사가 문화주택으로 지어졌음을 상징적으로 보여 주는 아이콘이다.

휴식과 여유의 툇마루

필경사에는 눈여겨볼 공간이 하나 더 있다. 다름 아닌 툇마루다. 필경사에는 툇마루가 두 개 있는데, 하나는 서재 외부 북동쪽 바닷가 쪽을, 다른 하나는 안방 외부 북서쪽을 면하고 있다.

홑집인 전통주택에서는 각 방으로 드나들기 위해 툇마루를 이용했다. 그러나 필경사에는 현관이 그 역할을 충분히 하고 있음에도 툇마루를 두었다. 안방에는 외측에 약 30센티미터의 머름이 있어 외기를 효과적으로 막아주고 툇마루 쪽으로 나갈 수도 있다. 전통 목조 주택에서 볼 수 있는 지혜를 살린 것이다.

서양 건축에서는 창window이면 창, 문door이면 문으로 그 구분이 명확한데 우리 주택에서는 '창문window door'이라는 용어로 결합해서 쓰는 경우가 많다. 왜 그럴까? 이렇게 머름이 있으면 창의 기능도 하지만 문의 기능도 할 수 있다. 그러니 창문은 창과 문, 이중 기능을 하는 셈이다.

안방 툇마루는 부엌과 인접해 있어 안방에서 부엌으로 갈 때나, 부엌에서 안방으로 들어갈 때 편하게 접근할 수 있었다. 동시에 휴식을 취할 수 있는 외부 공간이었다. 필경사는 방갈로 스타일 집이라 정면에 걸터앉을 수 있는 대청이나 툇마루가 없다. 따라서 뒤편인 북서쪽 안방 외부에 마련된 툇마루는 남의 눈을 피해 편안하게 쉴 수 있는 공간이 되어 준다.

한편 서재에서 북동쪽의 판장문을 열면 제법 긴 툇마루가 나온다. 이 툇마루도 꽤 유용하다. 안방 쪽 툇마루는 폭이 좁은 반면,

(위)안방 외부의 툇마루 툇마루 바닥 부분과 출입문 하부 사이에 머름을 설치하기 위해 하방을 마련했다.
(아래)서재 외부의 툇마루 폭이 넓어 휴식을 취하기에 충분하다. 서재에는 오른쪽 끝의 삼각형 구조 위로
돌출 벽장을 마련했다.

서재 쪽 툇마루는 폭이 더 깊다. 안방 툇마루는 걸터앉기에 충분했을 것이고, 서재 툇마루에서는 드러누워 휴식을 취할 수도 있었을 것이다. 이렇듯 툇마루도 위치에 따라 기능을 고려하여 만들었다.

필경사 밖에서 바라보기

심훈은 「필경사 잡기」에서 필경사를 "언덕 위에 건좌손향^{乾坐巽向}으로 앉은 주택"이라고 묘사했다.

집터에서 '건좌손향'이란 북서쪽에서 남동쪽을 바라보는 좌향을 의미한다. 이런 기본 좌향으로 앉혀진 필경사의 외부 입면은 여러모로 매우 독특하다. 우선 남동쪽 정면을 보자. 정면은 현관과 창고에 각각 판장문이 있고, 목조 화대가 돌출되어 있어 독특한 분위기를 준다. 그런데 이 화대의 높이에 약간 차이가 있다. 좌식 생활을 기준으로 만든 생활실 창문과 입식 생활을 염두에 두고 만든 서재 창문 높이가 각각 다르고, 각 창문에 맞춰 화대를 만들었기 때문이다. 그리고 생활실에 두 개, 서재에 한 개의 유리창이 있다. 벽체는 진흙으로 마감했고, 지붕은 우진각지붕* 형태다.

• 지붕면이 사방으로 경사를 이루는 지붕 형식. 정면에서 보면 사다리꼴, 측면에서 보면 삼각형으로 보인다.

남서쪽은 화장실과 욕실이 있는 부분의 입면이다. 창을 중앙으로 몰아 배치해 현대적 감각이 느껴진다. 일반적인 재래식 초가집이라면 기둥과 기둥 사이 중앙에 작은 창을 하나씩 두었을 텐데 필경사에서는 이를 벽체 중앙의 한곳으로 몰아 배치한 것이다. 현대적 감각 없이는 구현하기 어려운 창 내기 방식이다.

그리고 북동쪽 입면에서는 가장 드라마틱한 전망이 연출된다. 창을 내는 방식도 크게 다르다. 우선 소위 수평창horizontal window이 적용되었다. 수평창은 조적식組積式이 아닌 가구식架構式(구조체인 기둥과 보를 부재의 접합으로 축조하는 방법) 구조인 경우에만 낼 수 있었다. 벽 하중을 감당하지 않아도 되기에 수평 방향으로 커다란 창호를 낼 수 있기 때문이다. 전통적인 조적식 건물은 물론, 토담식 건물에서도 대부분 창호는 정방형이거나 수직 방향이었다. 필경사에서 스펙타클하게 수평 창호를 마련했다는 것은 그만큼 의도적으로 바다 쪽 풍광을 건물 내부로 끌어들이려는 현대적 기법이라고 볼 수 있다.

한편, 북서쪽 입면은 앞에서 본 세 개의 입면보다 비교적 전통적인 형태를 고수하고 있다. 대표적인 예시로 창호가 유리가 아닌 전통 창호지로 되어 있다. 작가가 「필경사 잡기」를 통해 집 짓는 데 재정적 어려움이 있었음을 밝히고 있는데, 바로 북서쪽 재래식 입면이 이를 증명해 준다.

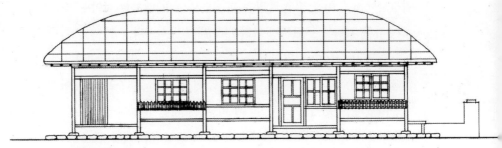

필경사 남동쪽 입면도
정면성을 살린 모습을 보여 준다. 유리창을 사용해 근대적 이미지를 만들었고, 초가로 된 농촌주택임에도
화대까지 설치하여 이 주택이 '문화주택'임을 암시한다.

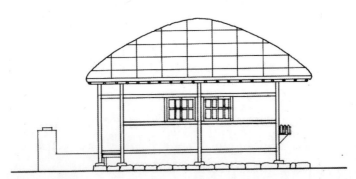

필경사 남서쪽 입면도
초가집이지만 유리문을 가운데로 몰아 현대적 감각을 물씬 풍긴다.

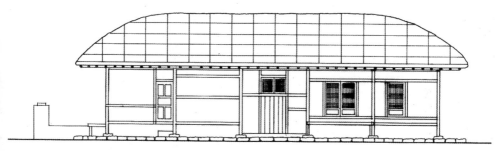

필경사 북서쪽 입면도
자금이 부족하여 재래식으로 마련한 창호를 볼 수 있다.

필경사 북동쪽 입면도
바다를 향한 입면으로, 조망을 위해 긴 수평창을 도입한 것이 이채롭다.

그래서 필경사는 어떤 집인가

필경사는 전체적으로 보면 하나의 매스로 지어지고 사방이 벽으로 막힌 방갈로 스타일 주택이다. 단순한 형태이기에 더 강력한 이미지를 발산한다. 기존 초가집 대부분이 마당을 둘러싸는 홑집 형태인 반면, 필경사는 대문이나 담 없이 겹집 구조로 만들어졌다. 당당한 느낌을 주는 매우 독특한 초가집이다.

　　그리고 또 다른 특색은, 가로세로 2.5미터의 동일한 정사각형 모듈을 반복하여 집 전체를 건축했다는 점이다. 모듈식이기에 집을 매우 경제적으로, 신속하게 완성할 수 있었을 것이다. 그리고 그 공간에 '가족'을 위한 '생활실'을 두었다. 더 나아가 부엌과 화장실, 욕실 그리고 다락까지 모두 연결되는 공간 구조를 만들어 냈다. 필경사는 적은 비용으로 농촌에서도 문화생활을 할 수 있도록 건축된 집이다.

　　필경사는 입식과 좌식 생활을 모두 염두에 두고 공간 구조를 계획했다. 생활실은 좌식으로, 서재는 입식으로 마련했지만 공간 비례에 여유가 있어 서재 한쪽에서는 좌식 생활도 할 수 있었다. 당시 실생활을 고려한 매우 합리적인 방안이었다.

그런가 하면 유리로 창문을 냈다. 유리는 내부 채광에도 좋고 비바람을 피하기도 좋은 재료지만 당시 가격이 상대적으로 비쌌다. 이런 유리로 바닷가를 조망할 수 있도록 수평창까지 만들었다. 수평창은 건축의 거장 르 코르뷔지에Le Corbusier가 주창한 현대 건축의 5원칙* 중 하나다. 그는 1931년, 가구식 콘크리트 구조의 빌라 사부아Villa Savoye에서 이런 수평창을 처음으로 시도했다. 필경사는 목가구식 구조wood framed structure여서 기둥 간격 사이에 안정적으로 창을 설치할 수 있었다. 화장실이 있는 남서쪽 창은 중앙으로 모아 입면을 만들고, 서재가 있는 북동쪽에 수평창을 도입한 것은 모두 현대적 감각과 실험적 사고 없이는 나타낼 수 없는 모습이다. 특히, 창 내기 수법만 본다면 당대 경성에 지은 어떤 주택에서도 찾기 힘든 획기적인 사례가 아닌가 싶다.

심훈은 농촌 개량을 위해 기능적이고 과학적이며, 더 나아가 현대적인 감각의 문화주택 모형을 추구했다. 그는 분명, 인습에서 벗어나 새로운 감각으로 나아가고자 한 현대 건축을 누구보다 잘 이해하고 있었다.

---

* 르 코르뷔지에는 현대 건축의 5원칙으로 필로티, 옥상정원, 자유로운 평면, 자유로운 파사드, 수평창을 꼽았다.

제5장

초가집에 담긴 심훈의 미의식

초가집 필경사는 오래전부터 이어져 온,
조선인 모두에게 담겨 있는 심상이었다.
심훈은 농촌을 개량하기 위해
누구도 시도하지 않았던 방식으로 집을 지으며
원시적 심상을 전달하는 '초가지붕'을 택했으리라.

세 가지 소주택

필경사를 자세히 살펴보고 나니 그 의미와 가치를 이해하기 위해 1930년대에 지어진 주택들과 비교해 봐야겠다는 생각이 든다. 물론 건축주의 요구가 어떻게 반영되었는지와 입지 조건에 따라 차이가 생길 수밖에 없다. 따라서 단순히 그 형태를 비교하기에는 여러 가지로 어려운 점이 있지만, 그럼에도 비슷한 시기에 지어진 20평 안팎의 소주택을 선택하고 비교하면 필경사가 지니는 건축적 의미를 보다 명확히 알 수 있을 것이다.

우선, 문인 이태준1904-?이 1933년 성북동에 지은 '수연산방壽硯山房'을 택했다. 이태준은 철원에서 태어났고, 일본의 조치上智대학을 중퇴하고 귀국하여 1925년《시대일보》에 「오몽녀」를 발표하면서 등단했다. 1933년에는 박태원, 이효석, 정지용, 김기림 등과 구인회를 결성하고 꾸준히 작품을 발표했다. 구인회 활동을 할 때는 심훈과도 교우 관계가 있었다. 권철호는 다음과 같이 썼다.

심훈이 맺고 있던 인적 네트워크를 통해 그의 사상적 지향성을 확인하고, 이로써 작가의 작품세계를 재독하려는 시도는 충분히 의미 있는 작업이지만 한계점을 내포할 수밖에 없다. 왜냐하면 심훈은 김문집, 이태준으로부터 홍명희, 신채호, 박영희, 김기진 등에 이르는 다양한 이념적 스펙트럼을 갖은 문인들과 교우하고 있었기 때문에, 오로지 인적 네트워크만으로 그의 사상적 지향성을 파악하는 것은 어려운 작업이다.[*]

심훈의 주변인을 통해 그의 사상을 두루 파악하기란 어려운 일이고 한계도 있지만, 의미 없는 작업은 아닐 것이다. 나이 차이도 크게 나지 않고 권철호의 주장처럼 두 문인이 어느 정도 교우 관계도 있었기에 심훈이 수연산방을 한 번쯤은 방문해 보았으리라 추측하며 선정했다.

다음으로 박길룡의 소주택을 선택했다. 그는 일제강점기에 드물게 경성고등공업학교에서 건축을 공부하고 총독부에서 기사로 근무했으며, 건축 면허까지 취득하여 1932년에 자신의 건축사무소를 개업했다. 심훈과 직접 교류했다는 기록은 없지만, 박길룡은 많은 주택을 지었고, 그 작품들이 《조선과 건축》을 비롯해 《조선일보》《동아일보》《실생활》 같은 언론매체에 실린 바 있다. 특히

---

[*] 권철호, "심훈의 장편 소설에 나타나는 '사랑의 공동체'— 무로후세 코신의 수용양상을 중심으로",《민족문학사연구》55권, 2014, p.184.

그는 주택과 그 개선 방안에 대해 많은 글과 작품을 소개하며 당대 조선인 중 가장 유명한 건축 전문가였기에 심훈도 지면을 통해 그를 어느 정도 인지하고 있었으리란 생각이 든다. 따라서 그의 소주택과 비교해 보는 것은 필경사의 건축적 의미와 가치를 이해하는 데 도움이 될 것이다.

이태준, 박길룡 그리고 심훈의 집

이태준의 수연산방

수연산방은 이태준이 성북동에 지은 한옥으로, 전통 한옥과는 매우 다른 형태를 하고 있다. 과거에는 집을 안채·사랑채·행랑채 등여러 '채'로 분리해 마당을 중심으로 떨어뜨려 배치했는데, 수연산방이 지어질 즈음에는 이런 건축 방식에서 벗어나 하나의 건물로통합되는 방향으로 바뀌고 있었다.

수연산방은 전체적으로 서남향의 工자형 집인데, 평면은 일반적인 ㄱ자 집과 비슷하나 부엌이 뒤로 가고 누마루를 설치한 점이 다르다. 외관은 방갈로와 다르지만 하나의 건물 안에 여러 공간을 구성하려 한 점은 유사하다 할 수 있다.

이태준은 일본에서 2년 정도 문학을 공부하고 귀국했다. 일본이나 서구 문물에 대해 어느 정도 안목이 있었으리라 짐작할 수있다. 그는 1933년에 수연산방을 지었는데 그 기록이 일부 남아

수연산방 전경 앞으로 돌출된 부분이 누마루다.

수연산방 안방 내부에서 본 누마루
안방과 누마루가 네 짝짜리 장지문으로 연결되어
있다.

이곳의 유래를 알 수 있다. 그는 《삼천리》에 게재한 수필 「집 이야기」에서 자신의 취향을 이렇게 정리했다.

대체로 조선 사람들은 집 짓는 것을 보아도 취미생활이 너무 없다. 조선 기와집엔 결코 어울리지 않는 시뻘건 벽돌담을 쌓되 추녀 끝을 올려 쌓는다. 그리고 스스로 그 감옥 속에 들어앉기를 즐긴다. …
그 '뺑끼' 사조를 막기에 노력하였다는 말이 있거니와 우리 조선 건축들이야말로 벽돌담, 기름칠, 뺑끼칠 사조에서 좀 반성해야 될 시기이다. 유리창도 편리하기는 하지만 큰돈을 들여 지을 바에는 조선 건물로서의 면목을 죽여가면서까지 유리창에 열광할 필요는 없지 않을까. 건물은 그 속에 사는 사람의 교양, 취미, 모든 인격을 다 표현하는 존재인 것이다. 그러기에 존 러스킨은 '훌륭한 건축은 청부업자의 기술로 되는 것이 아니라 그 건축물 주인의 인격으로 되는 것이다' 하였다.

이 글에서 이태준은 벽돌담을 세우고 기름칠과 페인트칠을 하던 당대 조선 건축 사조를 비판하며, 풍모를 저해한다는 이유로 유리창 설치에도 소극적인 태도를 보인다. 그는 영국의 건축 평론가 존 러스킨*의 사상을 소개했을 정도로, 건축이 인문적 사고를

• 존 러스킨John Ruskin, 1819-1900. 영국의 미술·건축 평론가이자 사상가. 『건축의 시학The Poetry of Architecture』『건축의 일곱 등불The Seven Lamps of Architecture』을 썼다.

기반으로 하는 작업임을 인식하고 있었다.

집에 대한 그의 이런 인식과 취향이 드러나는 대목은 『무서록
無序錄』의 「목수들」에서도 볼 수 있다. 이 수필에는 이태준이 수연
산방을 지은 과정이 소개되어 있다. 1933년 여름 초복에 시작해서
말복까지 치목治木을 하고, 동시에 달구질을 해서 집터를 닦은 다
음 집을 지었다고 한다.

목수 다섯 사람 중에 네 사람이 육십객들이다. 그 중에도 '선다
님'으로 불리어지는 탕건 쓴 이는 칠십이 불원不遠한 노인으로 서
울 바닥 목수치고 이 신申 선다님더러 '선생님'이라고 안 하는 사
람은 없다 한다. 무슨 대궐 지을 때, 남묘南廟, 동묘東廟를 지을 때,
다 한목 단단히 보던 명수名手로서 어느 일터에 가든 먹줄만 치고
먹는다는 것이다. 딴은 선재選材와 재단裁斷은 모두 이 선다님이
해 놓는데 십여 간間 남짓한 소공사小工事이기도 하거니와 한 가
지도 기록을 갖는 습관이 없이 주먹구구인 채 틀림없이 해내는
것만은 용한 일이다.

이 대목에서 이태준이 집을 지은 방식은 심훈과 대비된다. 심
훈은 자신의 설계 구상을 이해해 줄 젊은 신식 목수를 구했을 것이
다. 「상록수」에 구체적인 내용이 묘파되어 있다. 그러나 이태준은
서울에서, 그것도 대궐을 지은 최고 수준의 목수가 일하는 방식을
묘사하고 있다. '선다님'은 수많은 공사를 해 보았기 때문에 목구

조 집의 선재와 재단을 다 했다고 썼다.

더욱이 '기록을 갖는 습관이 없이'라는 부분을 보면 수연산방은 설계도 없이 대목大木의 경험만으로 지은 집임을 알 수 있다. 집 규모를 '십여 간'이라고 밝혔는데, 실측해 보니 약 71.1제곱미터(21.5평)로 필경사보다 약간은 크지만 비슷한 규모다.

수연산방은 서울에서 전통 목수 중 최고의 기술을 자랑하는 대목 선다님이 집주인 이태준의 요구를 받아들여 성북동에 지은 주택이고, 필경사는 지위의 아들인 젊은 목수, 「상록수」의 석돌이가 집 주인과 함께 마련한 설계도를 바탕으로 지은 주택으로 추정된다. 아주 흥미로운 비교 대상이다. 수연산방은 1933년 서울에 '기와집'으로, 필경사는 1934년 외딴 시골 당진에 '초가집'으로 지어졌다. 그렇지만 집 지은 방법을 비교한다면 필경사가 '설계도를 마련하고 지은 집'으로 보이니, 건축적 측면에서는 시대에 조금은 앞섰다고 할 수 있다.

이태준은 목수들을 고용한 방법에 대해서도 이야기를 이어간다. 「목수들」을 계속 보자.

나는 처음에 도급으로 맡기려 했다. 예산도 빠듯하지만 간역看役할 틈이 없다. 그런데 목수들은 도급이면 일할 재미가 없노라 하였다. … 이런 솔직한 말에 나는 감복하였고 내가 조선집을 지음은 이조 건축의 순박, 중후한 맛을 탐냄에 있음이라 그런 전통을 표현함에는 돈보다 일에 정을 두는 이런 구식 공인工人들의 손이

아니고는 불가능한 것임으로 오히려 다행이라 여겨 일급日給으로
정한 것이다. …

그들의 연장 자국은 무디나 미덥고 자연스럽다. 이들의 손에서
제작되는 우리 집은 아무리 요새 시쳇時體 집이라도 얼마쯤 날림
기는 적을 것을 은근히 기뻐하며 바란다.

처음부터 이태준은 단순 순박한 조선의 멋을 내는 주택을 지
으려 했음을 알 수 있다. 그 방법으로 훌륭한 목수들을 모시고 일
급 조건으로 대우하며 기량을 발휘할 수 있게 했다. 그러니까 이태
준은 공사의 경제성을 따지기보다, 가급적 전통 방식에 따라 조선
의 아름다움을 추구하며 수연산방을 지은 것이다.

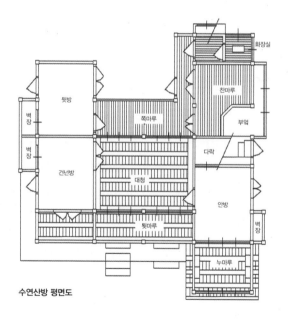

수연산방 평면도

수연산방 내부를 살펴보자. 평면도에서 보듯이 대청 좌측으로 건넌방이, 건넌방 앞쪽에 툇마루가 길게 놓이며, 건넌방 뒤쪽으로 뒷방이 있다. 뒷방과 건넌방 외측 벽에는 벽장이 있고 대청 뒤에는 쪽마루가 있어 연결 통로가 되어 준다. 부엌 상부에는 다락이, 부엌 뒤에는 반 칸 크기의 화장실이 마련되어 있다.

이 주택은 건넌방 뒤에 뒷방이 마련되어 전체적으로 工자 형태가 된 것이 독특하다. 크게 보면 전면의 건넌방-대청-안방과 후면의 뒷방-쪽마루-찬마루가 결합된 모습이다. 전면 공간은 주로 손님을 맞이하고 주인이 생활하는 영역으로, 후면 공간은 주로 서비스 영역으로 활용된 듯하다. 이는 기능에 따라 영역을 분리한 새로운 시도로 보아야 할 것이다. 또한 집 내부에 화장실이 마련된 것이 당시로서는 독특하다. 대문에서 볼 때 부엌이 뒤쪽에 배치되었고 부엌 내에는 식사 공간으로 쓸 수 있게 '찬마루'를 두었다. 식사를 위해 별도의 공간이 마련된 하나의 사례다.

한편, 안방이 남향으로 전면에 위치하고 누마루가 연계된 형식은 이 주택에서 볼 수 있는 새로운 공간 배열 방식이다. 주택 내에서 남녀 각각의 영역으로 분리되어 있던 공간을 하나로 연계해 배치한 것은 부부 중심 생활 방식의 산물로 볼 수 있다. 이 주택은 안방이나 건넌방 등에 미세기문 대신 여닫이문을 달았고, 각 방의 프라이버시 확보를 우선시한 한옥이라는 점에서 매우 독특하다.[*]

---

[*] 임창복, 『한국의 주택, 그 유형과 변천사』, 돌베개, 2011, p.137-139.

박길룡의 소주택

박길룡1898-1943은 일제강점기 건축 분야의 독보적인 인물이다. 그는 서울 종로구 예지동에서 태어났고, 1919년 3월 15일 경성고공 건축과를 졸업했다. 이듬해인 1920년에 조선총독부 건축기수技手가 된 후 12년간 재직하며 일본인들로부터 실무 능력을 인정받아 조선총독부 기사技師가 되었다. 이는 당시 관에서 최고 기술자를 칭하는 명칭이었다.

그러나 박길룡은 이틀 만에 기사직에서 물러나 '박길룡 건축사무소'를 개설했는데, 이때가 1932년 7월 7일이다. 개인적 친분으로 그에게 일을 의뢰하는 이가 많았고, 그는 특히 조선인 부호를 위한 주택들을 설계했다. 예를 들어 1929년에 지은 성북동의 김연수 가옥은 철근콘크리트조로 된 이층집이고, 1931년의 관훈동 김명진 가옥은 외벽을 벽돌로 마감한 이층집이다. 이런 콘크리트조의 대저택뿐만 아니라 개량한옥도 지었는데, 1938년 신교동 모씨댁, 경운동 민병옥 가옥, 정준수 가옥이 바로 그 예다. 박길룡은 다양한 양식의 건물을 설계해 내는 건축가였다.[*]

그는 주택뿐만 아니라 1931년에는 경성제국대학본부(현재 대학로에 남아 있는 옛 서울대학교 본관) 설계에 참여했고 1935년에는 조선인 제일의 부호 박흥식의 의뢰를 받아 화신백화점을 설계했다. 또한,『재래식 주거개선에 대하여』라는 저서를 발간한 학구파

---

[*] 임창복, "일제시대 한국인건축가에 의한 주거근대화에 관한 연구",《대한건축학회논문집》7권 5호, 1993.

건축가이기도 했다.

그는 대저택뿐만 아니라 소규모 주택 설계에도 많은 애착이 있었으며, 관련 자료를 신문이나 《실생활》 같은 잡지에 게재하기도 했다. 그가 심훈과 직접 교류했는지 알려진 바는 없지만, 심훈도 언론매체를 통해 그가 주장한 '주택 개선의 방향'이나 '문화주택의 가능성' 등을 인지하고 있었으리라.

박길룡은 1932년 6월부터 1933년 3월까지 잡지 《실생활》에 아홉 가지 주택안을 발표했다. 이 계획안들은 대부분 실제 지어진 것으로, 1930년대 초반 그의 건축관과 주거 개선 노력을 살펴볼 수 있는 사례다. 그중 필경사와 규모가 비슷한 사례들을 중심으로 살펴보자.

박길룡은 1932년 8월 《실생활》에 "소주택 설계안(3)"을 발표한다. 이 주택은 C군을 위해 경성 외부에 신축한 주택이다. 그의 가족은 부부와 아이 둘, 식모(가사도우미)까지 있어 다섯 명을 위한 주택으로 계획되었다. 현관에 들어서면 왼쪽에 식모방이 있고, 오른쪽에 사랑방 역할을 하던 주인실이 있다. 내방(안방)은 주방과 연계되고 주인

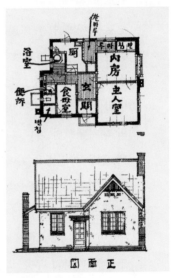

박길룡의 소주택 설계안 평면도(위)와 입면도(아래)
평면도를 보면, 남성용 공간인 사랑방이 없어지고 '주인실'로 통합되었다. 입면도에서는 당시 문화주택의 아이콘이던 뾰족지붕을 볼 수 있다.

실과 연접하는데, 그 경계에 장지문을 달아 융통성 있게 사용하게
했다. 식모방과 내방 그리고 욕실 난방을 위한 불은 모두 주방에서
때게 되어 있다. 겉모양은 서양식인데 내부의 주인실과 현관은 개
량식으로, 각 온돌방은 조선식으로 했다. 외벽은 연와(점토를 석회
와 반죽해 높은 온도에서 구운 적갈색 벽돌)조로, 지붕은 시멘트 기와
로, 욕실과 변소는 타일로 마감했다.

한편 같은 해 11월, "개량 소주택 일례(6)"에서 박길룡은 이
주택을 K씨를 위해 당시 유행하는 문화식 소주택으로 계획했다고
밝혔다.

사랑에는 양식 판자 마루를 깔았고, 각 방은 모두 온돌로 마
감했다. 서쪽으로 나 있는 대문과 현관으로 들어서면 남쪽으로 사
랑과 월방越房(대청을 사이에 둔 건넌방), 내방이 마련되어 있다. 중복
도를 중심으로 북쪽에는 주방, 찬마루, 식모방, 욕실과 변소가 배

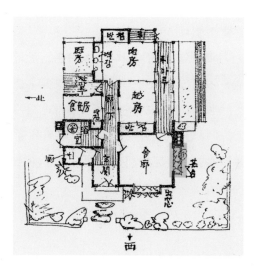

박길룡의 개량 소주택 일례 평면도
표시된 부분은 화대로, 당시 문화주택에는
화대를 두는 경향이 있었다.

치되었다. 접객용으로 활용되었을 공간을 '사랑'으로 명명하고 툇마루를 통해 내방과 월방으로 오갈 수 있도록 여닫이문을 마련해 두었다. 내방과 월방은 장지문으로 마감되어 이곳이 단란한 가족 생활을 위한 공간임을 알 수 있다. 내방은 은밀한 곳에 위치하고, 월방은 세 면을 향해 개방적으로 계획된 점으로 보아, 월방이 공용성을 지닌 공간으로 활용되었음을 알 수 있다. 점차 '거실' 공간이 모색되는 과도기적 형태의 평면 계획이다. 집의 외관은 문화식 소주택으로 계획되었다. 문화주택에서 논의되던 이상을 더 구체적으로 구현해 보려 한 것이다.*

필경사와의 비교

필경사를 이태준의 수연산방이나 박길룡의 소주택들과 비교하면 여러 흥미로운 점을 발견할 수 있다.

우선 당시 주택을 지은 목수와 그 방식이다. 이태준은 궁중의 멋을 구하려 했기에 대궐을 지은 노련한 목수들을 다섯 명이나 불러 수연산방을 지었고, 그 과정에서도 도편수인 선다님에게 의존해 모든 것을 해결한 것으로 보인다. 반면, 필경사는 농촌에서 젊은 목수가 어설프게나마 설계도를 만들고 이를 토대로 심훈과 소

• 임창복,『한국의 주택, 그 유형과 변천사』, 돌베개, 2011, p.304-306.

통하며 지은 집이다. 일을 주는 방식도, 수연산방에서는 '도급都給' 하면 목수들이 재미가 없다고 하여 '일급日給' 조건으로 일을 시킨 셈이고, 필경사는 전체 금액을 정해 둔 일종의 '도급' 방식으로 공사를 진행한 셈이다. 그러므로 필경사는 수연산방보다 경제적으로 지은 주택이라 할 수 있다.

건축재의 사용 방식과 규모도 조금씩 다르다. 수연산방은 기둥 간격이 각각 달라 다양한 치수의 목재가 쓰였다. 반면, 필경사는 가로세로 2.5미터의 정사각형 모듈을 정하고 구조를 만들었기에 비교적 작은 목재를 규격화하여 사용해 빠른 속도로 완공했을 것이다. 주택 규모를 비교해 보면 필경사는 10칸, 수연산방은 10여 칸이다.

박길룡의 소주택도 목구조에 심벽을 만들어 짓는 방식을 사용했으므로 기본적으로 목조 주택이다. 그럼에도 방의 크기가 모두 다르기에 그만큼 목재 사용에서 손실도 있었을 듯하고, 벽선(기둥과 벽체 사이 완충을 위한 부재)에 요철이 있어 공사에 어려움이 더 많았으리란 생각이 든다.

평면도를 보면 수연산방은 담과 대문이 있으며 현관은 없는 홑집 형태로, 전통 한옥 형식을 크게 벗어나지 못하고 있다. 그러나 필경사는 이와는 전혀 다른 방갈로 스타일을 적용한 겹집 초가집이다. 이 부분에서 필경사가 '새로운 형식의 주택'을 과학적이며 실험적으로 시도한 집임을 발견할 수 있다.

좀 더 자세히 들여다보자. 필경사 서재는 남성의 작업실이자 응접 공간이다. 수연산방에서는 누마루나 건넌방이 그 기능을 했을 것이다. 그리고 박길룡의 소주택에서는 주인실이나 사랑이 같은 기능을 했다고 볼 수 있다. 그런데 필경사 서재는 살림 공간과 분리되어 훨씬 기능적이라 할 수 있다. 이태준의 수연산방이나 박길룡의 소주택에서는 건넌방과 주인실이 필경사 서재처럼 분리되지 않아 방들 사이의 프라이버시가 확보되지 못하고 있다.

필경사 서재는 입식 생활을 위해 창대의 높이를 책상 위로 설정했으나 수연산방 누마루와 건넌방은 좌식 생활을 전제로 마련되었다. 필경사는 시골에 지어졌지만 동시대 대도시 경성에 대궐 목수들이 지은 주택보다 더 신식생활을 고려해 설계되었다고 볼 수 있다.

안방을 보면, 두 사례 모두 안쪽에 위치하고 한쪽 면만 바깥에 면하여 양명한 남향 햇살을 접하기는 어렵다. 그러나 필경사 안방을 보면 한쪽 면만 외기에 면한 듯하지만, 안방과 생활실 사이에 장지문을 두어 남향 방과 크게 다르지 않다. 네 짝의 장지문을 열면 그대로 남향이 되고, 문을 닫아 두더라도 채광이 매우 잘된다. 필경사는 남향의 일조日照를 과학적으로 이용해 겹집임에도 후면의 안방이 쾌적하게 유지되었다.

주방과 식사 공간을 보면, 필경사 부엌은 생활실과 반 층 차이가 나는 구조에 두 개의 모듈로 이루어져 있고, 식사 공간은 생활실 출입구 근처로 부엌과 연결되어 기능적 합리성이 있다. 그러나 수연산방이나 박길룡 소주택의 주방은 모두 규모가 작고, 찬마루를 따로 두어 식사는 그곳에서 하는 모양새가 되었다. 즉, 수연산방이나 소주택의 식사 공간은 아직 제대로 자리 잡지 못한 과도기적 모습을 보여 준다.

박길룡의 소주택을 보면 사랑에서 출창을 볼 수 있고, 서쪽에 화대花臺가 표시되어 있다.(217쪽 그림 참고) 박길룡이 밝혔듯이 이 주택은 문화주택임을 나타내기 위해 화대를 만들었다. 필경사 화대는 당시 경성의 문화주택에서 볼 수 있는 사례들보다 훨씬 적극적으로 집의 얼굴인 정면을 표현하는 요소다.

수연산방은 아주 초기에 실내에 화장실을 만든 사례다. 한옥인데 화장실을 외부가 아닌 내부에 둔 점이 새롭다. 그러나 욕실을 두고 있지는 않다. 박길룡의 소주택 사례에서 보듯이 1930년대 초에는 작은 집이라도 문화주택이라면 내부에 욕실을 설치하는 것을 볼 수 있지만, 한옥의 경우는 발전된 설비의 내부화가 더뎠다.

이렇듯, 유명한 대궐 목수가 지은 이태준의 수연산방이나 당대 저명한 건축가 박길룡이 설계한 소주택과 비교해 보아도 심훈의 필경사는 건축적으로 결코 뒤지지 않는, 높은 수준의 문화주택이었다.

필경사는 왜 초가집인가

집에서 지붕은 매우 중요한 부분이다. 집과 하늘이 만나는 지점이기에 그 자체로 지역의 풍토적 상징성을 띤다. 어느 집이나 지붕이 있어 그 집의 개성을 보여 준다. 그래서 종종 지붕은 한 집의 성격까지 나타낸다. 뾰족지붕 문화주택이라 하면 1920-1930년대에 서구적 문화생활을 동경하며 지은 주택을 의미하고, 커다란 기와집을 보면 양반이 머물던 전통주택이라는 선입견을 갖기 쉽다. 지붕은 그 집의 의미를 외적으로 알리는 표상이다. 그렇다면 부곡리에 지어진 초가집 필경사는 과연 무엇을 상징할까?

시대와 지역의 맥락에 따라 그 의미가 달라질 수 있지만, 초가지붕은 일반적으로 농촌, 가난, 낙후된 환경의 이미지를 준다. 그렇다면 심훈은 왜 필경사 지붕을 초가로 얹은 것인지 의문이 든다. 물론 주변에 농가들이 여러 채 있었다는 기록을 보면 그들과 어울리도록 지은 것이라고 볼 수도 있겠다. 단순히 주변과의 동질적 가치를 중요시한 측면도 있었겠지만 작가가 '초가'를 고집한 데는 그를 뛰어넘는 또 다른 고민이 있었을 것이다.

필경사 수난 시대

심훈은 「필경사 잡기」에서 초가집을 지었다고 분명히 밝혔다. 2장에서 살폈듯이 몇 칸 안 되는 작은 초가집을 남동향으로 앉혀 지었다는 대목이 있다. 그러니 현재 초가 형태로 남아 있는 필경사의 지붕에 의구심을 가질 필요는 없다. 그러나 다른 자료들을 보면 심훈이 세상을 떠난 후 필경사의 모습이 많이 바뀌었던 모양이다.

주인이 떠나고 관리자가 없으니 어려움이 많았으리라. 다행히 부곡리에서 그와 동고동락하던 회원들이 힘이 되어 주었고 누구보다도 조카 심재영이 지켜 주어 명맥을 유지하긴 했지만, 혼란 속에 맞이한 광복과 6·25 전쟁을 거치며 필경사 외형은 많이 훼손되었다. 심재호의 글 「불빛을 기다리며」를 보면 필경사를 초가로 지켜낸 일이 그리 쉽지 않았던 것 같다.[*]

세월의 풍파에 못 이겨 초가지붕은 허물어지고
바뀌는 세월 따라 양철지붕으로,

---

[*] 심재호, 『심훈을 찾아서』, 문화의힘, 2016, p.67.

기와지붕으로 갈아 이어온 필경사
낯선 교회가 떠난 뒤
이제 다시 초가지붕으로 바뀌고
처마 끝에 외등이 밝혀졌다.
나라 잃은 땅에서 객사한 심훈은
세상 떠난 지 71년 만에 막내 등에 업혀
자기 집 필경사에 돌아와 다시 묻혔다.

그럼, 필경사 지붕의 변천에 얽힌 사연을 살펴보자.

위 글에서 보듯이 심훈이 세상을 떠난 뒤, 필경사 지붕은 초가지붕에서 양철지붕으로 그리고 기와지붕으로 바뀌었다가 1997년 문화재로 지정되며 다시 원래의 지붕을 되찾는다. 1980-1990년대에 필경사를 방문한 사람 중에는 필경사가 기와집이 아닌가 생각하는 이들도 있었다. *

지붕이 이렇게 바뀐 것은 필경사의 용도가 변경되며 생긴 어쩔 수 없는 변화였다. 심천보 선생은 다음과 같이 증언한다.

"1936년 심훈 선생님이 돌아가신 후 식구들은 여러 곳으로 흩어지게 된다. 1937년에 부인이 떠나고, 큰아들은 계동 장형 댁으로 그리고 둘째와 셋째는 심재영 댁으로 제각각 떠난다. 필경사는

---

* 강진호, 『한국 문학, 그 현장을 찾아서』, 계몽사, 1997.

기와집 필경사
필경사에는 한때 기와지붕이 얹어지기도 했다.

주인 없이 13여 년간 비어 있었다. 1950년 겨울, 6·25 전쟁 때 심훈의 작은형 심명섭 목사의 부인이 부곡리로 피난을 오며 필경사에서 기도 모임을 갖기 시작했다. 이때 기도회 모임은 심훈의 이모 되는 윤병영 전도사가 이끌어 주셨다. 필경사에서 기도회 모임을 했던 것을 근거로 1951년 노회에서 '부곡교회'로 승인했고, 21여 년간 교회당 건물로 사용되었다. 그러나 불편한 점이 많아 100여 미터 떨어진 작은 언덕 위에 터를 잡고 교회를 이전했다. 부곡교회는 이 새로운 건물에서 유지되다가, 2001년에 현재의 상록수교회 위치로 이전했고, 2007년에 부곡교회에서 상록수교회로 개칭하여 오늘에 이른다."

필경사가 잠시 교회당으로 사용되던 때, 매해 초가를 개수하기 쉽지 않아 세월 따라 양철지붕 또는 기와지붕으로 바뀌었던 모양이다. 문화재 당국에서 필경사를 관리하게 되면서 고증을 토대로 다시 초가로 바꾸고 현재에 이르렀다. 필경사는 1997년에 충청남도 기념물 제107호로 지정되었다.

정리하면 필경사 지붕은 초가지붕에서 양철지붕으로, 그리고 기와지붕으로 바뀌었다가 지금은 원래대로 초가지붕을 찾게 된 셈이다. 집을 온전히 유지하고 보존하기가 얼마나 어려운지 증언하는 이야기다. 그렇다면 심훈이 지은 초가집 필경사에는 어떤 의미가 숨어 있을까?

「상록수」에는 아래와 같은 내용이 있다. 주인공 박동혁이 백선생에게 전하는 말인데, 작가 자신이 비록 서울에서 태어나고 자라 남들 보기에는 하얀 손의 인텔리지만 정신과 자세만큼은 농민과 함께하겠다는 각오를 표현한 부분이다.

"농민들과 똑같은 생활을 해가면서 우리의 감각까지 그네들과 같아진다는 것과는 딴판이 아닐는지요? 값비싼 향수나 장미꽃의 향기를 맡아오던 후각이, 거름 구덩이 속에서 두엄 썩는 냄새가 밥 잦히는 냄새처럼 구수하게 맡아지게까지 돼야만, 비로소 지도자로서의 자격이 생길 줄 알아요. 농촌 운동자라는 간판을 내걸은 사람의 말과 생활이, 이다지 동떨어져서야 되겠습니까?"(43쪽)

농촌 운동을 하려면 진정으로 농촌을 사랑하는 농부가 되어야 한다고 강조한다. 부곡리에 내려와 「영원의 미소」와 「직녀성」을 탈고한 직후, 심훈은 농민들의 생활을 개선하고, 나아가 문화생활까지 할 수 있는 집을 고민했을 것이다.

심훈의 비평문에서 본 미의식과 필경사

1930년대에는 이광수, 변영로, 한용운을 비롯해 이태준, 임화 등 쟁쟁한 문인들이 미술 비평에 참여했다. 당시 고희동*이 도쿄에서 서양 미술을 배워 와 조선에 소개하면서 서양 미술에 대한 관심이 높아지고 있었다. 일부 예술가들은 문인들의 미술 비평이 '단순한 인상기'에 머문다고 비판하기도 했다. 하지만 이때는 아직 분야의 전문화가 이루어지기 전이었고, 문인과 미술가 들은 함께 초창기의 어려움을 극복해 갔다.

심훈은 미술 비평에 그리 적극적인 편은 아니었다. 알려진 바로 그는 한 편의 미술 비평문을 남겼을 뿐이다. 그마저도 '심묵沈默'이라는 다른 이름으로 발표한다. 그렇지만 '한 사람의 감상자로

---

* 고희동1886~1965. 한국의 근대 화가. 서울에서 태어나 1909년 도쿄미술학교 서양화과에 입학했고, 1915년 귀국 후에는 우리나라 최초의 서양화가로 미술 교육에 종사했다. 서화협회를 창설하는 등 근대적 미술 운동을 추진했다.

서 자유롭게 비평하고 싶다'는 의사 표시를 하며 오히려 더 진술하게 자신의 미술적 안목을 드러낸 것으로 보인다.[‡]

원시적이고 자연스러운 것이 아름답다

강정화는 심훈의 비평문에 '철학적 사상'과 '예술 의식'이 담겨 있다고 주장한다.[‡‡] 심훈은 비평문에서 전람회를 둘러본 순서대로 소개하며 자신의 미의식을 정리한다. 처음에는 글씨와 사군자, 그리고 다음은 동양화실, 그다음은 서양화실에 출품된 작품에 대해 평가한다.

> 글씨에는 이한복 씨의 재기才技보다도 김돈의 씨의 천진天眞이 더 존경하고 싶었다. 김 씨의 글씨에는 천진의 기상이 있다. 가장 평범하게 썼으면서도 그 평범한 가운데에 도리어 순진純眞이 흐르고 있다. 이 '진眞'은 재기를 초월한 것이다. 가장 정녕靜寧한 심경에 안주하여 자연 그대로 붓대를 든 그것이 아니고는 안 될 것이다. 그러므로 평범하면서 그 평범에 자기창조의 '진'이 있는 것인가 한다.[‡‡]

---

‡ 강정화, "심훈의 미술비평문 연구",《인문과학》제119집, 2020, p.6.
‡‡ 강정화, "심훈의 미술비평문 연구",《인문과학》제119집, 2020, p.15.
‡‡ 심훈, 「총독부 제9회 미전화랑에서」,《신민》53호, 1929.11.

이 비평문에서 그는 특선 수상작 이한복의 작품보다는 김돈
의의 작품에서 '진'을 읽을 수 있다고 토로한다. 그는 이어서 꾸밈
없는 진이 기법의 화려한 재기를 넘어선다고 평가한다. 강정화는
"'진'은 가장 원시적인 것에서 오는 순수한 형태로, '침착과 평안'
을 느끼게 하는 차분함을 뜻한다."고 해석한다.

심훈의 미의식은 동양화에 대한 비평에서도 나타난다.

동양화실에서는 특선작품인 이영일 씨의 〈농촌 아해〉와 이상범
씨의 〈만추〉 등보다는 도리어 노수현 씨의 〈귀목歸牧〉이 나의 가
슴에 그윽하게 울리는 것이었다. … 나는 〈귀목〉에서 나(인생)의
고향을 생각할 수가 있었다. 인생의 대정녕大靜寧 대조화大調和의
원래의 면목을 이 산수화에서 찾을 수가 있었다. 실로 그러한 점
으로 밀레의 작품을 연상할 수도 있었다. … 요컨대 밀레의 자연
은 의식으로부터 돌아간 것이나 노 씨의 작품에 나타난 자연은
무의식적이다. 그러므로 근본적이다.

심훈은 밀레의 〈만종〉에는 어떤 의식이 있었고 노 씨의 작품
은 근본적이라 평가한다. 그가 생각하기에 훌륭한 예술이란 '순박
한 형태', 즉 자연 그대로의 원시적 감각을 전해 주는 것이었던 듯
하다.*

• 강정화, "심훈의 미술 비평문 연구",《인문과학》제119집, 2020, p.18.

심훈의 미술 비평에 나타난 시각을 바탕으로 원시와 무의식 그리고 자연과의 조화가 나타난 작품을 높게 평가한 것을 알 수 있는데, 바로 이런 점이 그의 예술 감각을 말해 준다.

'그림은 말 없는 시, 시는 말하는 그림이다.'라는 말이 있다. 이 말에 '그림' 대신 '필경사'를 넣어 유추해 보면, 필경사는 원시적인 무의식의 '진'을 함축하고 있지 않을까.[*]

필경사는 한반도의 '원시 오두막집'이었을까

앞서 살펴봤듯, 심훈은 1930년대 농촌에 집을 지으며 집의 의미에 대해 무척 고민했을 것이다. 그의 미술 비평에 근거하면, 그는 '무의식적으로 원시를 상징'하는 형상을 중요시했던 모양이다. 한편, 근대 서양 건축사에서도 건축의 '원시적 의미'에 대해 생각했던 예시를 살펴볼 수 있어 흥미롭다.

18세기 이후 서양에서는 절충주의식 건축이 무분별하게 퍼졌는데, 이 시기에 건축 이론가 마크앙투안 로지에Marc-Antoine Laugier는 '원시 오두막집Primitive Hut' 이론을 주장했다. 이 이론은 건축의 기원과 관행을 탐구하며, 이상적인 건축 양식이 자연스럽고 본질적인 것을 구현한다는 내용이다.[**] 다름 아니라 이성으로의

---

[*] 강정화, 『문학이 미술에 머물던 시대』, yeondoo, 2019, p.107.
[**] 건축백과사전 홈페이지(jyinfoeditar.com)

복귀를 주장한 것이다.*

당시 서양에서는 고전 건축에 대한 향수가 있었으며, 소위 '원시 오두막집'을 고전 건축의 원형으로 보고 도리스 양식처럼 기둥과 보 그리고 박공으로 구성되는 단순한 형태를 추구했다. 이렇게 가장 단순한 요소들로 구축된 대표적인 건축물이 파르테논 신전이며, 바로 이런 고전적 건축에서 그 구성 원리와 새로운 길을 찾는 게 18세기 절충주의로 인한 혼돈의 시기에 나아갈 길임을 주장한 것이다.

마크앙투안 로지에의 「건축 에세이Essai sur l'architecture」(1753) 속표지에 실린 〈원시 오두막집〉

1930년대 한반도의 상황에도 유사한 맥락이 있었다. 도시 곳곳이 개발되어 새로운 집들이 건축되기 시작했지만, 당시 지어진 집 대부분은 서양식, 일본식 또는 뾰족지붕 문화주택이었다. 새롭게 들어서는 집들이 전통주택과 크게 다르고 우리의 심상과도 달라 시각적 혼돈이 극심했다.

---

* 서양에서 이야기되는 원시 오두막집은 위의 삽화에서처럼 '기둥column'과 '보beam' 그리고 '삼각형 박공pediment'으로 이루어진 집을 의미하므로, 곡선형인 우리의 오두막집과는 형상이 다르다. 그들은 파르테논 신전에서 보듯 박공형 지붕이 있는 작은 집을 오두막집이라 생각했다.

심훈은 우리네 집의 원시적 형상, 우리 민족의 심상에 남아 있는 집의 원형에 대해 고민하지 않았을까? 초가집 필경사는 우리가 오래전부터 갖고 있던, 조선인 모두에게 담겨 있는 심상이었다. 농촌을 개량하기 위해 누구도 시도하지 않았던 방식으로 집을 지으며 그는 우리 모두의 무의식에 담겨 있는 '원시적 심상'의 의미를 전해 주는 '초가지붕'을 택했으리라.

르 코르뷔지에는 '사유가 없으면 건축도 없다'라는 말을 남겼다. 심훈이 초가집을 지은 것은 주변과의 조화를 위한 수동적 선택이었다기보다, 혼란스러웠던 당시 사회 변화 속에서 우리의 입장을 어떻게 찾아야 하는지에 대한 당당한 '건축적 선언Manifesto'이었으리라 본다.

필경사에 숨은 심훈의 꿈

심훈은 일제강점기라는 질곡의 시대를 살아가며 당대 문화에 다방면으로 큰 업적을 남긴 인물이다. 그는 백여 편에 이르는 시와 장편소설을 창작한 문인이자 언론인이고, 영화 제작에 애착을 가진 영화인이며, 음악과 무용, 미술 등에도 조예가 깊은 예술인이다. 그는 전근대에서 근현대로 나아가는 전환기의 여러 문화예술 장르에서 근현대적 감각을 갖고 우리의 문제를 새로운 차원에서 고민한 지식인이다. 국문학자 엄상희가 언급한 "종합예술인의 면모를 지닌 모더니스트"에서 한발 더 나아가 중앙대 방현석 교수는 "21세기 종합예술가의 모델이 바로 심훈"이라고 평가했다.[•]

그가 활동했던 1920-1930년대 한반도는 세계사적으로 일찍

• 김태완, "심훈 문학의 출발점이 된 3·1 운동", 《월간조선》 2019년 4월호.

이 경험하지 못한 격동의 무대였다. 제1차 세계대전 후 자주적인 3·1 만세운동이 일어났고, 그 결과로 촉발된 1920년대 문화통치 하에 우리 지식인들은 스스로 문제 의식을 제기하며 사회를 개선 하고자 힘썼다. 생활개선 운동과 주택개량 운동은 이때 커다란 성 취를 이루어내고 있었다.

만세운동에 참가했던 심훈은 바로 감옥 생활을 해야 했고, 출 옥 후에는 비밀리에 중국으로 탈출했다. 그곳에서 공부한 후 1923 년에 귀국하여 비로소 활동을 시작한다. 그러나 그의 삶은 순탄하 지 못했다. 1920년대 중후반에는 동아일보나 조선일보에 근무하 기도 하고 영화 제작을 위해 활동했지만, 1930년대부터는 인생에 서 가장 혹독한 시기를 보냈다. 일제에 의한 검열과 이에 따른 경 제적 어려움에 직면한 것이다. 그가 연재하는 소설마다 사상 검열 에 걸리고 방송국에서 쫓겨나는 등, 일본 군국자본주의 도시 경성 에서 그는 좀처럼 일을 찾기 어려웠다.

한편 1920년대 말 우리 사회에서는 신문사의 브나로드 운동 과 함께 농촌 계몽에 대한 관심이 한창 고조되고 있었다. 이때 그 가 탐독한 책은 무로후세 코신室伏高信의 문명 비판서『문명의 몰 락』인데, 이 책은 오스발트 슈펭글러Oswalt Spengler가『서구의 몰 락』에서 제1차 세계대전을 기점으로 '문명'의 시대가 몰락하고 자 연과 농촌에 기반한 '문화'의 시대로 회귀할 것으로 예측한 것과 어느 정도 유사한 내용이다. 권철호 교수의 주장대로 심훈은 식민 지 도시의 문제를 극복하기 위해서는 '농촌 문화의 시대'가 되어야 한다 고 생각했으리라.*

더불어 부곡리에서의 작품 활동을 생각해 보면 그의 귀촌을 경제적 사유만으로 해석하려는 시각은 편협하다고 볼 수 있다. 그는 식민지 도시 문제를 극복하고 농촌 중심 문화를 일구어 내겠다는 원대한 꿈을 지니고 당진으로 귀향을 결심한 것이다. 바로 그 길이 일제에 의한 군국자본주의 사회의 병폐를 극복하는 방법이라 생각했기 때문이다.

그가 부곡리에 내려와 탈고한 「영원의 미소」와 「직녀성」은 모두 주인공들이 농촌으로 돌아가 미래의 공동체를 향해 새롭게 출발한다는 내용을 기반으로 한다. 이어 출간한 「상록수」 역시 두 남녀 주인공이 경성의 한 신문사에서 주최한 농촌 활동 보고회에서 만나 그동안 하던 학업을 그만두고 농촌으로 내려가 봉사활동을 한다는 내용이다. 소설에서 남자 주인공 박동혁은 '한곡리 회관'을, 여자 주인공 채용신은 '청석골 학원'을 짓는다. 집 짓는 이야기가 매우 상세하고 진솔하게 묘파되어 있다. 이 소설은 필경사를 지은 후 집필되었으니 둘 사이에 많은 인과 관계가 있었으리라고 본다.

더욱이 심훈은 대표적인 리얼리즘 계열 작가다. 필경사 짓기를 상상해 보는 데 소설 「상록수」는 안내서 같은 도움을 준다. 이 소설이 필경사 완공 후 쓰였고, 집 짓는 이야기가 중심인데도 그동

---

* 권철호, "심훈의 장편소설에 나타나는 '사랑의 공동체'", 《민족문학사연구》 제55호, 2014, p.193.

안 필경사에 대한 연구는 미진했던 것 같다. 문인이면서 당대 최고 지식인이자 예술인이었던 그가 잡지에 '이 주택은 내가 지은 초가집'이라고 밝혔는데도 말이다. 보여 줄 게 없는 집이었다면 그렇게 밝히지 않는 게 상례다. 더욱이 경성에서 찌든 셋방살이만 하다「직녀성」원고료로 받은 상금을 모두 털어 넣어 지은 집이라니, 절박한 상황 속에서 오랜 집념의 결과를 풀어낸 것이리라. 따라서 이 집에는 작가의 지혜와 철학, 꿈이 숨어 있다. 이제 그것을 해독하는 작업만이 남아 있다.

그렇다면 심훈이 필경사를 지은 까닭은 무엇이었을까?

오래전부터 한반도에 수많은 초가집이 지어졌으나 대부분 재래식 주택이었다. 초가집 하면 '가난'과 '낙후된 환경'을 떠올릴 정도로 우리 사회 저변에 초가집은 전근대적인 집이라는 인식이 깔려 있었다. 누구도 농촌에 맞는 개량주택을 지어 보자는 의지를 세우지 못했을뿐더러, 직접 지은 사례도 찾기 힘들다. 근대적 평면 구조를 지닌 겹집으로 마련한 초가집은 필경사가 처음일 것이다. 당연히 필경사는 우리나라 주거 발전사에서도 큰 의미가 있는 주택이다.[*]

일제강점기에 집을 지을 수 있는 사람은 극소수에 국한되었다. 박길룡을 비롯한 박동진, 박인준 등 조선인 건축가들이 있었지

---

[*] 임창복, 『한국의 주택, 그 유형과 변천사』, 돌베개, 2011.

만 그들이 지은 집은 그리 많지 않았고, 대부분이 서양식과 일본식을 모방한 국적 불명의 문화주택이었다. 조선 반도의 대부분이었던 '농민'을 위한 주택, 그것도 초가집을 근대적으로 변화시키는 작업은 누구도 고민하지 않았다.

어쩌면 필경사는 반만년 한반도 역사에서 최초로 농촌 주거 환경을 개선하고자 당대 최고 지식인이 직접 설계하고 농민들과 손발에 진흙을 묻혀 가며 함께 지은 초가집일 것이다.

심훈은 하얀 맨손으로 농촌에 내려와 이런 작업을 마무리하기 위해 주변의 도움도 많이 받았으리라. 때마침 주재소 등 큰 건물 공사에서 새로운 기술을 습득한 석돌이와 같은 젊은 목수가 함께 의기투합했으며, 외딴 현장에 인력과 자재 조달 그리고 진행을 담당한 심재영이 있었기에 필경사를 수준 높게 지을 수 있었을 것이다.

더 나아가, 심훈은 필경사에 어떤 꿈을 담아 두었을까?

그의 주변 인물들은 그의 성격에 직선적이고 감성적인 측면이 있으며, 행동형 인간이라고 증언한다. '예술적 천품'을 지닌 '이상주의자'였던 그는 큰 꿈을 꾸지 않았을까. 단순히 자신이 살기 위한 집 짓기에 머물지 않고 농촌개량의 좋은 본보기가 되어 낙후된 우리 농촌을 살렸으면 하는 소박하고도 진취적인 꿈이 있지 않았을까?

「상록수」의 동혁은 농우회관 낙성식에서 이렇게 외친다.

"여러분! 여러분은 이 말 한 마디만 머릿속에 깊이깊이 새겨두십시오. '여러 사람이 한 맘 한뜻으로 그 힘을 한곳에 모으기만 하면, 어떠한 일이든지 이루어질 수가 있다'는 것을 — 우리는 여름내 땀을 흘린 그 값으로 이 신념 하나를 얻었습니다. 처음으로 귀중한 체험을 했습니다. 그와 동시에 '우리보다 더 많은 사람이 똑같은 목적으로 모여서, 꾸준히 힘을 써 나간다면, 이보다 더 어려운 일도 성공할 수가 있다!'는 것을, 이번 기회에 여러분과 함께 믿고자 하는 바입니다."(200쪽)

심훈은 소설을 통해 우리 민족 한 사람 한 사람이 뭉쳐 공동의 목표를 위해 함께 노력하면 어려움을 이겨 낼 수 있다고 주장한다. 이런 의식이 무엇보다도 커다란 성과이자, 필경사에 숨겨진 정신이다. 그는 작품을 통해 '스스로 의욕하는 삶'을 살아야 한다고 역설했다. 심훈이 '참여하며 행동하는 자세'로 농촌주택 개선의 꿈을 안고 필경사를 지었음을 알 수 있다.

일제의 탄압으로 갈 곳 잃은 식민지 도시의 젊은이 중 한 사람으로서, 심훈에게는 시골로 내려가 다 함께 농촌 생활부터 개선하고 잘 사는 고장으로 만들어야 현 상황을 극복할 수 있다는 믿음이 있었던 것 같다.

심훈은 젊은이들에게 자조自助하는 삶을 살아야 한다고 역설한다. 필경사를 지은 이면에는 자신이 비록 도회에서 나고 자란 하얀 손을 가진 엘리트지만 직접 참여하여 농민과 함께 낙후한 농촌을 개선하는 행동과 정신을 보여 주겠다는 의지도 있었을 것이다. 조선인의 원시적 심상이 담겼으나 문화생활까지 영위할 수 있는 수준의 집을, 필경사를 통해 구현해 낸 것이다.

그가 타계하고 1년 후 공동경작회 회원들이 그를 추모하기 위해 흰옷을 입고 기념하기도 했고, 함께 집을 보존하는 데 앞장섰다는 심재영의 증언으로 심훈이 품었던 '농촌공동체'의 꿈이 어느 정도 부곡리 농민들의 마음속에 뿌리내렸음을 확인할 수 있다.

그리고 또 다른 꿈으로 「상록수」의 마지막 부분에서 주인공 박동혁이 다음과 같이 마음을 다잡는 부분에도 주목해야 한다.

'이제부터 한곡리에만 들어앉았을 게 아니라, 다시 일에 기초가 잡히기만 하면, 전 조선의 방방곡곡으로 돌아다니며 널리 듣고, 보기도 하고, 또는 내 주의와 주장을 세워보리라. 그네들과 긴밀한 연락을 취해서 같은 정신과 계획 아래에서 농촌 운동을 통일시키도록 힘써보리라.'(417쪽)

심훈은 필경사를 지으며 얻은 경험을 전국 농촌의 청년들과 나누고, 그 방식을 확산시켜 농촌이 부흥하길 원했으리라. 전국 단위의 농촌 개선 모델로 필경사 같은 문화주택과 「상록수」 속 한곡리 회관과 청석골 학원 같은 편의시설로 구성된 공동체 마을을 꿈꾸지 않았을까? 필경사 건축 경험을 토대로 농촌을 바꾸고자 하는 꿈을 간직했을 것이다. 부곡리에서 출발하여 전국으로 퍼져 나가

열악한 식민지 농촌 사회를 변화시키는 커다란 꿈 말이다. 바로 이러한 꿈이 결실했을 때 광복의 '그날'도 올 것이라고. 이런 모든 것이 작가 심훈이 필경사에 숨겨둔 소망이자 꿈 아니었을까?

그는 일제강점기에 누구도 돌보지 않아 착취 대상으로 전락했던 농촌과 농민을 위해 사회적으로 의미 있으며 예술적 가치까지 품은 주거 건축물 '필경사'를 남겼다.

당대 최고의 조선인 건축가 박길룡은 "우리의 유구한 생활을 수용하는 재래형식을 토대로 하되 토착적 재료와 과학적 구법을 수단으로 하여 현대의 생활을 수용하는 용기가 '우리의 문화주택'"이라 했다. 필경사는 그 이상적인 언명을 구체적으로 실현한 주택이다. 심훈은 '농민을 위한 문화생활'을 어떻게 담아낼까 고민하며 이를 구체화한 최초의 '건축가'였다.

필경사는 일제강점기 조선인이 지은 어느 건축물보다도 인문·사회적 가치가 높고 예술적 정신이 깃든 귀중한 우리의 '보석'이다. 이제 이 '보석'에 담긴 심훈의 못다 이룬 꿈과 정신을 이어가는 일이 '그날' 이후를 살아가는 우리에게 남겨진 과제가 아닐까.

추천의 글

『필경사』에 부치는 편지

제가 임 교수를 처음 만난 것은 약 5년 전, 그가 친구들과 필경사
를 방문했을 때였습니다. 그로부터 몇 년 후, 실내를 다시 보고 싶
다는 말에 담당 해설사를 통해 필경사를 소개했습니다. 이제 이렇
게 필경사에 대한 책을 받아 보니 감회가 새롭습니다.

필경사는 심훈이 몸소 지은 집이고 여러 가지로 의미 있는 주
택입니다. 그래서 필경사에는 심훈을 사랑하는 우리나라 문학계의
많은 분이 다녀갔고 가까운 당진 시내 학생들도 자주 방문하고 있
습니다.

그때마다 방문자는 물론 인솔자, 당진시 관리자로부터 심훈
의 문학 작품에 대한 자료는 많은데 필경사에 대한 자료가 부족해
아쉽다는 말을 여러 번 들었습니다. 그러니 이번에 우리나라 주거
건축의 전문가인 임 교수님의『필경사』출간 소식이 반갑습니다.

책을 읽어 보니 눈길을 끄는 부분이 많습니다.

필경사를 재래식 가옥에서 벗어나 가족 중심 공간 구조로 변화하는 과정에 겹집 형태로 지어진 '농촌형 문화주택'으로 보는 시각이 참신했습니다. 또한, 심훈의 「상록수」는 그동안 일제강점기의 농촌 계몽 운동 이야기로만 알려져 있었는데, 집 짓는 이야기라는 점도 널리 알려지면 좋겠습니다.

이 책은 필경사뿐 아니라 제가 현재 거주하는 심재영 고택에 대해서도 다룹니다. 어느 때인가 필경사를 방문한 임 교수와 저희 집 사랑채 툇마루에서 대화를 나눈 적이 있습니다. 그때 임 교수가 갑자기 기둥 간격을 재더니 그 모듈의 크기가 필경사와 같다며 신기해 하던 일이 생각납니다.

이를 근거로 임 교수는 「상록수」 속 목수가 심재영 고택 사랑채를 지은 젊은 목수가 아니었을까 유추해 냈습니다. 서로 우연히 담소를 나누며 시간을 보냈는데 이때의 발견이 필경사와 심재영 고택의 연결 고리가 되었다는 점이 매우 흥미로웠습니다.

그동안 문학인이자 영화인으로서 심훈은 많이 다루어졌지만, 이 책을 계기로 그의 건축가적 면모도 널리 알려졌으면 합니다. 필경사라는 집의 의미와 가치를 새롭게 조명하며, 이 집에 대해 폭넓게 이해할 수 있도록 애쓰신 임 교수님께 거듭 감사드립니다. 심훈을 사랑하고 기억하는 독자들께 일독을 권합니다.

심천보(심훈선생기념사업회 이사장·심훈가 종손)

- 1901년 9월 12일 경기도 시흥군 신북면 흑석리(현 서울시 동작구 흑석동) 출생.
- 1915년 서울 교동보통학교 졸업. 경성제일고등보통학교(현 경기고등학교) 입학.
- 1917년 3월, 두 살 연상 이해영과 결혼.
- 1919년 3·1 운동 가담 후 헌병대에 체포되어 서대문형무소 투옥.
  11월, 집행 유예로 풀려남.
- 1920년 겨울, 연극을 공부하고자 중국 유학.
- 1921년 상하이와 난징을 거쳐 항저우 지강대학 입학.
- 1923년 귀국. 최승일, 안석주 등과 함께 '극문회劇文會' 조직.
- 1924년 동아일보사 기자로 입사. 이해영과 이혼. '따리아회' 출입.
- 1925년 카프(KAPF, 조선프롤레타리아예술가동맹) 가담.
- 1926년 동아일보사 학예부에서 사회부로 옮김.
  임금 인상을 내걸고 투쟁한 '철필구락부 사건'으로 퇴사.
  11월,《동아일보》에 우리나라 최초의 영화소설「탈춤」연재.
- 1927년 봄, 일본으로 건너가 교토의 닛카츠 촬영소에서 영화 공부.
  반년 후 귀국해 영화〈먼동이 틀 때〉를 각색, 감독하여 단성사에서 개봉.
- 1928년 조선일보사 기자로 입사.
- 1930년 3월, 시「그날이 오면」을 발표.
  《조선일보》에「동방의 애인」을 연재하나 검열에 걸려 중단.
  같은 신문에「불사조」를 연재했으나 다시 게재 정지 처분.
  12월, 안정옥과 재혼.
- 1931년 조선일보사에서 나와 경성방송국에 문예 담당으로 입사. 3개월 만에 퇴사.
- 1932년 충남 당진군 송악면 부곡리로 귀촌.
  시집『그날이 오면』을 출간하려 했으나 검열에 걸림.
- 1933년 5월, 소설「영원의 미소」탈고.
- 1934년《조선중앙일보》에 소설「직녀성」연재.
  원고료 500원으로 당진에 필경사 건축.

- 1935년 《동아일보》 창간 15주년 특별 공모에 「상록수」 당선.
- 1936년 「상록수」 출간을 위해 상경해 머물다가 장티푸스에 걸려 9월 16일 별세.
- 1949년 유고시집 『그날이 오면』 출간.
- 2000년 건국훈장 애국장 추서 받음.
- 2007년 12월 5일 셋째 아들 심재호에 의해 충남 당진 필경사로 유해 이전.

• 1934년 충남 당진시 부곡리에 심훈과 심재영, 공동경작회에 의해 건축.
  (음력 7월 초순 착공해 8월 대보름 준공으로 추측)
• 1935년 여름, 심훈이 이곳에서 「상록수」와 「7월의 바다」 집필.
• 1936년 심훈 장티푸스로 별세.
• 1937년 심훈의 부인과 세 아들 모두 필경사를 떠남.
• 1950년 6·25 전쟁이 발발하자 심훈의 작은형수가 피난 옴.
  심훈의 이모 윤병영 전도사와 함께 기도회 시작.
• 1951년 '부곡교회'로 승인 받고 이후 20여 년간 교회로 사용.
  이후 지붕을 양철지붕, 기와지붕 등으로 보수.
• 1997년 충청남도 기념물 제107호로 지정.
  원래 모습대로 초가지붕으로 보수.
• 1999년 심훈의 삼남 심재호와 당진시가 필경사 주변에 심훈기념관 설립 논의.
• 2014년 심훈기념관 개관.

심훈 연보와 이 연보는 심훈의 삶과 필경사의 역사를 간략하게 정리한 것입니다.
자세한 자료는 필경사를 방문하거나, 심훈기념관 홈페이지(shimhoon.dangjin.go.kr)에서
찾아볼 수 있습니다.

도판 출처

63쪽(위) ⓒ당진시청
63쪽(아래) ⓒ당진시청
69쪽(위) ⓒ당진시청
69쪽(아래) ⓒ당진시청
81쪽 심재호, 『심훈을 찾아서』, 문화의힘, p.26
91쪽(왼쪽) ⓒ종로구청
93쪽(아래) ⓒ종로구청
109쪽 ⓒ규장각
120쪽 《조선일보》 1929년 5월 12일자
129쪽 《개벽》 1923년 제33호
131쪽 최순애, "박길룡의 생애와 건축에 관한 연구", 홍익대학교 대학원, p.129
137쪽 《조선일보》 1930년 1월 12일자
138쪽 《조선일보》 1930년 11월 28일자
139쪽 《조선일보》 1933년 10월 26일자
157쪽 최순애, "박길룡의 생애와 건축에 관한 연구", 홍익대학교 대학원, p.128
172쪽 《동아일보》 1932년 8월 12일자
216쪽 《실생활》 1932년 8월호
217쪽 《실생활》 1932년 11월호
225쪽 ⓒ당진시청

저작권자를 찾지 못한 자료의 경우 추후 밝혀지는 대로 적법한 절차를 따르겠습니다.
퍼블릭 도메인과 저자가 촬영·제작한 도판은 따로 표기하지 않았습니다.

필경사
'건축가 심훈'의 꿈을 담은 집

1판 1쇄 인쇄 | 2023년 3월 15일
1판 1쇄 발행 | 2023년 3월 25일

지은이 임창복

펴낸이 송영만
디자인 자문 최웅림
편집위원 송승호
편집 이상지
디자인 김미란

펴낸곳 효형출판
출판등록 1994년 9월 16일 제406-2003-031호
주소 10881 경기도 파주시 회동길 125-11(파주출판도시)
전자우편 editor@hyohyung.co.kr
홈페이지 www.hyohyung.co.kr
전화 031 955 7600

© 임창복, 2023
ISBN 978-89-5872-212-0 03910

이 책에 실린 글과 그림은 효형출판의 허락 없이 옮겨 쓸 수 없습니다.

값 18,000원